魏晋令初探

李俊强 著

科学出版社
北京

内 容 简 介

令是古代中国重要的法律形式之一,产生早,影响大,但学界研究却较为薄弱。唐前的令主要包括君主的诏令、单行令及令典等,对其进行全方位的研究难度较大;而本书主要关注的是魏晋令问题。本书在前人成果基础上,较为深入地探研了魏晋时期何以形成了编修律、令典之潮流,进而梳理了魏晋时期令典的编纂史及发展演变史,并试图通贯地考察魏晋令典沿革之规律。

本书可供历史学、法律史及相关爱好者参阅。

图书在版编目(CIP)数据

魏晋令初探/李俊强著.—北京:科学出版社,2020.11
ISBN 978-7-03-066322-1

Ⅰ.①魏… Ⅱ.①李… Ⅲ.①法制史-研究-中国-魏晋南北朝时代 Ⅳ.①D929.35

中国版本图书馆 CIP 数据核字(2020)第 195614 号

责任编辑:王　媛　杨　静/责任校对:韩　杨
责任印制:张　伟/封面设计:润一文化

科 学 出 版 社 出版
北京东黄城根北街 16 号
邮政编码:100717
http://www.sciencep.com
北京凌奇印刷有限责任公司 印刷
科学出版社发行　各地新华书店经销
*
2020 年 11 月第 一 版　开本:720×1000 B5
2022 年 7 月第三次印刷　印张:9 3/4
字数:150 000
定价:96.00 元
(如有印装质量问题,我社负责调换)

序 一

李俊强博士《魏晋令初探》一书要出版，嘱我写序。其实，闫晓君教授是他读博期间的指导教师，已经答应为他作序，我再写恐属重复、多余。但他坚持说选题的大方向，毕竟是我建议的，希望就此谈一些意见。我也就顺此说上一二。

吉林大学法律史学科博士点建立后，在博士生学位论文的选题方向上，我曾建议是否能避开众人聚焦的刑法史、司法史，动员部分博士生做比较冷僻的行政法史研究，比如令、式研究等。为此，我在课程内容上，也增加了唐代令式部分的讲授和讨论。虽然，最终也就两三位博士生选择了行政法史领域的研究课题，但毕竟是一种努力的尝试，也开启了学生在该领域研究的先例。

俊强博士是选择行政法史作为研究方向的第一位。做魏晋令研究，多少冒些风险。从资料看，很早就有人辑佚过晋令，清张鹏一撰有《晋令辑存》，程树德《九朝律考·晋律考》也有《晋令》部分，日人浅井虎夫《中国法典编纂沿革史》辑佚晋令条文达一百五十三条之多；从研究看，中外学者有关魏晋令研究的成果较多，涉及魏晋律令的分野、法典比较、令的篇目、令的编集等内容，讨论也比较深入。所有这些，都是不易迈过的坎儿。尤其近数十年来，秦汉令简牍陆续出土及相应研究成果的出现[①]，使得魏晋令制研究，从起点及比较角度看，都陡然提升了难度。

---

① 见徐世虹：《出土法律文献与秦汉令研究》，载《出土文献与法律史研究》（第一辑），上海：上海人民出版社，2012年，第58—79页。

虽然冒风险，俊强博士仍毅然选择了魏晋令研究这个题目。从完成情况看，达到了开拓目标，为后续博士生选题提供了样本，也积累了经验。

魏晋令研究，既然有先贤的辑佚成果可资利用，在没有新资料发现的情况下，重新寻找资料或者说补辑，当然不会是主要任务；现在的重要任务，是对资料的阐释。这种阐释，俊强通过该书的谋篇布局和内容设计，做了很好的回答；且在论述过程中，能够新见叠出。

第一部分，关于令的由来或基础问题，俊强博士通过设置"先秦秦汉令之演变"一章，解决魏晋令建基于秦汉旧令这一历史前提。

这里的重要问题，是律令关系，包括律、令区别，令的性质问题。俊强博士有两个判断，一是汉代律令应该已有必要的区分，令的一部分是对律的补充，另一部分已是政令性法规；二是汉代律令不分，表现在二者一般都附有罚则。前一个涉及令的性质，尤其其属于政令性法规的部分；后一个关涉到后世令的纯化问题。这些都与魏晋令的发展相关，是比较好的伏笔，是好的铺垫。俊强博士还通过对汉初《二年律令·津关令》与晋令、唐令的比较，通过对西汉景帝"篅令"与《晋令》关系的比较，判定"后世的一些令条，其内容与相关联的秦汉令条""存在明显的继承性"。

第二部分，是魏晋令的主体研究，是全书的重心，包括三章。

首先，是魏晋令的制定与其流变，包括魏晋令的制定过程、发展概况等。

俊强博士提出，经由魏明帝时修定律令，才使得律令截然两分，各自有了固定的分工。这其中包括律令分化、令的独立性、令的内容纯化等一系列问题。我过去强调过，秦汉的律、令在形式上已经分化，但内容上尚未纯化为刑律与其他法的两分状态。律、令在内容上的分化或纯化，是晋朝完成的，以晋杜预《律序》曰"律以正罪名，令以存事制"为表征。①俊强博士以为这一过程以及其结果，均应该提前。按照他的说法，这一分化或纯化过程，在魏明帝时已经完成。杜预的概括，以及《晋书·刑法志》所谓"违令有罪则入律"，

---

① [宋]李昉等编：《太平御览》卷六三八《刑法部四·律令下》。

只不过是这一分化结果的反映。

其次,是令的内容问题。

基于"秦汉无令典"的认识,俊强博士的魏晋令研究,以"晋令令篇考述"一节,专门讨论晋令内容及其传承问题。涉及《官品令》、《户令》及《户调令》、《服制令》、《关市令》、《狱官令》及《鞭杖令》等 5 类共 7 种令的条文。基本方式是,前追溯后探及,细数晋令与唐令、宋令的关系,包括篇目的分与合,条文的或沿或革,均一一指出。如晋《狱官令》《鞭杖令》,在唐宋令中,合并为《狱官令》等。他所选择的这些令篇,是条文相对多、从而也便于展开比较的部分。尤其近年来宋《天圣令》及所附唐令的发现,更为这个比较提供了便利。因而,唐宋令的新发现,也使得魏晋令研究有了"向后看"的实际可能。

最后,是令的地位、作用和影响问题。

由于在性质上,将令判定为行政法规,故魏晋令的地位、作用,于此可推而得。至于魏晋令的影响,俊强博士一一指出,此处不赘。

从全书结构看出,俊强博士是本本分分的研究者。一招一式,都规规矩矩来。这是难得的。

该书许多地方,是俊强博士对资料的独特认识。如对《晋书·刑法志》"叔孙、郭、马、杜"之"杜",究竟是"杜周、杜延年",还是"郑"(即"郑玄")之误。他考定,该"杜"字,应是"郑"之讹误。对《北堂书钞》引晋《鞭杖令》令文中"有疮者,缓臀也",他认为"臀"字当为"督"之误,"督"之含义为"背",所谓鞭背是也。

本书的不足,在内容上,涉及秦汉令与魏晋令的比较上,还嫌粗略。当然,有关这方面,余地本来就大。随着新发现的秦令陆续公布,将为今后的研究,带来更大的便利。

在方法上,书中使用了不少表格,这简化了叙述,也方便读者理解,但仍有进一步加强使用的必要。比如,"晋令令篇考述"一节,皆分别罗列晋、唐、宋三令的相关条文，这当然很有必要，对我们把握三朝令文的总体数量多寡、条文长短、规定之特点等，均有益处。但在这之后，似乎应该再设立一个比较表，以总体显示其异同，予以总结，效果会更好。

是为序。

霍存福

二〇二〇年十月十二日

于沈师"3U生"宅

序 二

李俊强副教授的专著《魏晋令初探》即将在科学出版社付梓，他是我在吉林大学指导的博士，这本书就是在他博士论文的基础上，经过多年的修改、补充和完善而成。其内容已非常新颖而且丰富，在前人较少关注的魏晋法律史方面取得了很好的成绩，其学术贡献肯定会获得学术界的承认和赞许。

魏晋乃至南北朝时期，是中国社会在经历了两汉四百年相对稳定繁荣的盛世以后，又一个民族大融合、社会大变革的时期，这一时期的法律虽然承袭了秦汉以来的律令制度，但也在形式和内容上都发生了不少的变化，律令本身的变化与魏晋律学的空前发达互相促进，良性互动，这些因素都对"得古今之平"且"一准乎礼"的唐律的出现奠定了坚实的基础。然而客观地评估，这一时期法律史的研究则显得相对薄弱，主要是因为相关史料的匮乏。乔伟教授在主编《中国法制通史》第三卷《魏晋南北朝》时说：这一时期法律史的研究"还基本处于空白状态"①。乔伟教授在魏晋法律史研究上用力甚勤，他尚且如此说，何待他人？魏晋律的研究尚且如此，魏晋令的研究可想而知。而要从事这一时期的法律史研究必须从基础开始，从史料的搜集、疏理、考证做起。

以前陕西富平张鹏一先生曾作过《晋令辑存》一书。先生字扶万，清末举人，曾拜在康圣人门下。先生一生治学，知识渊博，著作丰富，涉及历史、考古、法律等领域，其法制史方面的著作就有《中国法制考》《汉律辑考》《晋令辑存》等。其《晋令辑存》一书，后经西北大学徐清廉教授整理后在三秦出

---

① 张晋藩总主编，乔伟本卷主编：《中国法制通史》第3卷《魏晋南北朝》，北京：法律出版社，1999年，"绪言"第2页。

版社出版。20世纪80年代，我在西北大学历史系读书时，徐清廉教授曾是我的授课老师，主讲隋唐史。他是唐史大家唐长孺先生早年的硕士研究生，长于唐宋文献史料，在当时西北大学的教师中有"活字典"之称。张扶万先生的手稿由其哲嗣张午中先生捐献出来，藏于陕西省政协。徐老师受陕西省政协之邀，对《晋令辑存》进行整理，实际上他补充了大量的资料。他在《校补记》中讲："晋令的记载，据《隋书·经籍志》和《旧唐书·经籍志》说：'晋令四十篇，贾充等撰'，但有篇无目。而《大唐六典》所载晋令四十篇，则有目无令。为了补晋史之不足，略见晋代典章制度之梗概，除了清代乾道间严可均氏的《全晋文编》，及现行的程树德所著的《九朝律考》中的晋令佚文外，则有张扶万先生的《晋令辑存》稿。"（张鹏一编著、徐清廉校补《晋令辑存》，三秦出版社，1989年。）徐老师为了使辑令可靠，除了与正史资料核对外，还引用了政书、类书14种以作校补。

魏晋法律史在中国法律史上具有独特魅力。章太炎在《五朝法律索隐》中认为"汉唐二律皆深刻不可施行，求其宽平少过者，上至魏，下迄梁，五朝之法而已"，并指出"五朝之法信美者有数端：一曰重生命，二曰恤无告，三曰平吏民，四曰抑富人"。（见《民报》第二十三号）

李俊强副教授性格沉潜，心思细密，读书勤奋且能于他人不疑处有疑。《魏晋令初探》在前人研究的基础上，深入地探讨了魏晋时期形成编修律、令典之潮流，梳理了魏晋时期令典的编纂史及发展演变史，通贯考察了魏晋令典沿革之规律。近年又主持国家社科基金项目"晋令辑佚、考释与研究"，相信他会在魏晋法律史研究领域取得骄人的成绩，让我们拭目以待！

闫晓君
二〇二〇年十月二十五日星期日于古长安

目　　录

序一 ··· i
序二 ··· v
导论 ·· 001
　　一、选题背景与研究设想 ·· 001
　　二、研究现况 ·· 007
　　三、研究方法 ·· 011
第一章　先秦秦汉令之演变 ·· 013
　　第一节　概述 ·· 013
　　第二节　先秦令及相关问题 ····································· 017
　　　　一、先秦令概观 ··· 017
　　　　二、李悝撰《法经》及秦汉"律令"相关问题辨 ·········· 021
　　第三节　秦汉之令问题 ·· 029
　　　　一、秦汉令概观 ··· 029
　　　　二、秦汉令的制定 ·· 033
　　　　三、秦汉令的性质 ·· 040
第二章　魏晋令的制定及其流变 ··································· 048
　　第一节　魏晋令的制定 ·· 048
　　　　一、魏令制定的背景 ·· 048
　　　　二、魏令的制定 ··· 052
　　　　三、晋令的制定 ··· 056

第二节　魏晋令之流变 …………………………………………… 060
　　第三节　略论魏科 ………………………………………………… 070

第三章　晋令令篇考述 ………………………………………………… 077
　　第一节　晋令及相关问题考述 …………………………………… 077
　　　　一、晋令概述 ………………………………………………… 077
　　　　二、晋令修订考述 …………………………………………… 085
　　第二节　晋令要篇考述 …………………………………………… 094
　　　　一、《官品令》考述 ………………………………………… 094
　　　　二、《户令》《户调令》考述 ……………………………… 097
　　　　三、《服制令》考述 ………………………………………… 102
　　　　四、《关市令》考述 ………………………………………… 106
　　　　五、《狱官令》《鞭杖令》考述 …………………………… 110

第四章　魏晋令制之地位及对后世之影响 …………………………… 117
　　第一节　魏晋令在当时之地位与作用 …………………………… 117
　　第二节　魏晋令制对后世之影响 ………………………………… 122

结论 ……………………………………………………………………… 128

参考文献 ………………………………………………………………… 131

后记 ……………………………………………………………………… 142

导　　论

一、选题背景与研究设想

日本学者冨谷至先生曾在《通往晋泰始律令之路》一文中指出：

> 一国的制度改革，当然不限于司法制度，还应包括行政、官制、礼制等在内的整体制度；而且，毋庸赘言，礼制伴随着法的整理，是与汉萧何制九章律与叔孙通制礼同时的传统政策的延续。[1]

这一说法无疑非常具有启发意义。但笔者对冨谷先生的卓识有个小小的补充：其实中国的历次大变革与世界其他国家、地区的大变革一样，确实"不限于司法制度"，"还应包括行政、官制、礼制等在内的整体制度"，"礼制伴随着法的整理，是与汉萧何制九章律与叔孙通制礼同时的传统政策的延续"。但是，我们若把《周礼》看成是后人在西周制度基础上的美化之作的话，那么，官制与礼制及司法制度实在都是政治改革的子项；秦朝建立之后何尝没有这些举措？就拿后世的人们最喜欢与儒家划等号的礼制的建构来说，秦国、秦朝时已经较为完备，并为汉初所继承。[2]秦始皇即位之初也曾试着笼络、利用儒生，《史记·封禅书》记载，秦始皇即位三年后，赴泰山封禅时，曾"征从齐鲁之儒生博士七十人，至乎泰山下。诸儒生或议曰：'古者封禅为蒲车，恶伤山之土石草木；扫地而祭，席用菹秸，言其易遵也。'始皇闻

---

[1] [日]冨谷至：《通往晋泰始律令之路（Ⅱ）：魏晋的律与令》，朱腾译、徐世虹校，载杨一凡、朱腾主编：《历代令考》（上），北京：社会科学文献出版社，2017年，第243页。
[2]《史记·封禅书》："于是高祖……悉召故秦祝官，复置太祝、太宰，如其故仪礼。因令县为公社。下诏曰：'吾甚重祠而敬祭。今上帝之祭及山川诸神当祠者，各以其时礼祠之如故。'"（北京：中华书局，1959年，第1378页）

此议各乖异,难施用,由此绌儒生"①。雷厉风行的秦始皇,受不了儒生们的喋喋不休与言人人殊,故弃之不用。只是汉代以后,礼制的作用与地位被着力拔高,似乎凌驾于诸制之上;加之儒家人物在著述中的刻意渲染,我们不由地对"礼制伴随着法的整理,是与汉萧何制九章律与叔孙通制礼同时的传统政策的延续"的论断赞赏不已。

冨谷至又说:

> 与刑罚典不同的非刑罚、行政法典的产生,正是因为已成为典籍的礼典的存在,对人们的意识产生了很大的影响。而且,需要指出的是,在礼典中依然存在《周官》(《周礼》)……可以说《周官》是被理想化了的周的行政法规。在礼法交叉、令典这一新法典与刑法典对置的阶段,在以《周官》为礼典的意识下,令典得以产生,并具有了现实的行政法典的性质。……司马彪,在晋泰始令成立时任秘书郎,他所说的"《周官》并不只是反映了一种周室牧民的理想,而是在未来成为重要参考对象的规范",如果将它当作晋泰始律令成立时已意识到《周礼》之有效性的史家之言,则具有更深的重要性。②

这段话亦很有启迪意义。依着他的逻辑,是否可以有以下推论:从法典③制定的角度而言,西晋人学习《周礼》的结果,就是《晋律·诸侯律》与《晋令》的出台;而唐人学习《周礼》的结果,则是《唐令》的历次编纂及《唐六典》的刊定。

其实,这既是主持政治制度制定之人理念所系,也早就成了古代知识分子之通识。唐人刘知几早就认识到这一层:

---

① 《史记》卷28《封禅书》,第1366页。
② [日]冨谷至:《通往晋泰始律令之路(Ⅱ):魏晋的律与令》,朱腾译、徐世虹校,载杨一凡、朱腾主编:《历代令考》(上),第244、246页。
③ 为行文方便及省文起见,本文所谓的"法典",乃袭用上引冨谷至先生之义。当然,在中国古代,"法典"之初始义与今日之"法典"差别较大。详见张忠炜:《秦汉律令的历史考察》,载氏著《秦汉律令法系研究初编》,北京:社会科学文献出版社,2012年,第75—170页;又收入杨一凡、朱腾主编《历代令考》(上),第3—107页。

> 夫刑法、礼乐、风土、山川，求诸文籍，出于《三礼》。及班、马著史，别裁书志。考其所记，多效"礼经"。①

不知冨谷先生是否在暗示：中国古代法令走向泰始律令之路，实质就是从政书制造到依法行政的过程。而这一过程的重要节点是魏晋律令的编纂，而其高峰即是日本学者所说的律令制时代或律令制国家的大唐。

《汉书》有《百官公卿表》，《续汉书》有《百官志》，《晋书》有《职官志》，此后的朝代正史修撰中基本沿袭了这一模式。这种编纂体例绝非偶然，而是有其内在理路的。笔者陋识以为：中国先唐时代的政制大致走过了一个"夏殷无闻，周秦创制，两汉继统革新，魏晋别开生面，隋唐大成"的过程。夏殷两朝，文献缺乏，我们对其难以形成系统认识。周秦两代，乃中国古代政治制度创设的重要时期，基本奠定了古代政治制度之走向。两汉之时，诸多政治领域都在尝试与革新中寻求一种秩序化的稳定；而在意识形态领域，几经妥协融通，朝野最终认可了"德主刑辅""外儒内法"的治国精神。这种始则可谓随机、无序的选择过程，终究让位于渴望大治、盛世的意识形态追求。这种有意识、有秩序的归纳、整理，然后再出发的趋势波及朝廷与社会、政治和文化的各个角落。

秦始皇统一全国，建立秦朝之初，即面临着如何收拾战国末期政治和文化残局的大命题。秦的主政者奉行法家理念，追求政治与文化的中央集权，推行意识形态领域的大一统。"焚书"虽极端但似乎势在必行，而"坑儒"体现的是对儒生精神反抗的"冷酷无情"。汉继秦立，汉初的统治者又重新思考意识形态的大问题。这些人都曾是秦始皇治下的黔首与微臣，自然知道秦之得失利钝，"汉承秦制"最能反映他们对秦政的态度。当然，他们在反思强大秦朝灭亡教训的时候，也认识到法家主张与政治直接衔接的弊端，故汉初统治者对法家的态度常常是"欲迎还拒"的。热衷黄老之学，应该是为了中和法家之"刻薄寡恩"。因此，西汉初之朝野绝非像后世渲染的那样不乐闻甚至痛

---

① （唐）刘知几撰，（清）浦起龙释：《史通通释》卷3《书志》，上海：上海古籍出版社，1978年，第56—57页。

恨法家之学的①；西汉时对法家之学与法术之士很重用。在仕途上，大致有此倾向：刀笔吏—廷尉监、平—廷尉—御史大夫甚至丞相。但后世，廷尉往往并非法术之士所专任，常常成为一些人为了凑足年限与级别的权宜而已。在法司则言法，不在法司则不言法，其底色已是儒家。这种变化应该是东汉逐渐完成的。但众所周知的是，儒家之流在西汉初亦屡遭压制。随着国力的逐步恢复，汉朝统治者的自信心日渐提振，在意识形态领域也逐渐感觉到黄老观念的消极甚至掣肘。先秦的儒家学说虽然给统治者以不善进取的表面印象，但是经过战国末年的反思改造与秦朝时期的打压淬炼后，已逐渐变得既上顺天心下顾人情，又融通诸家呼吁一统，最终体现出其最包容最和洽政治的一面。统治者中的开明派已经开始关注它，甚至有些人还被它深深吸引，转过头来替它在朝廷中做起了宣传推广的工作。儒家在等待时机，准备一举登顶。

至汉文帝时，置《诗》《书》博士，又置诸子传记博士，博士人数达七十余人。景帝时，加置《春秋》博士。武帝时，又增置《易》和《礼》博士。至此，《诗》《书》《礼》《易》《春秋》"五经"博士齐备。宣帝又增置博士为十二家：《易》有施、孟、梁丘三家；《书》有欧阳，大、小夏侯三家；《诗》有鲁、齐、韩三家；《礼》有后氏学；《春秋》有公羊、谷梁两家。设儒学经典博士这一制度对经学的建立和推广起了重要作用。此后，通晓儒家经典成为做官干禄的主要条件。儒学和政权的紧密关系，为确立儒学和儒学经典的权威地位奠定了坚实的基础，儒家以外的诸子学因无进身之阶而日渐衰微。秦朝时确立的"以法为教，以吏为师"之传统也最终被抛弃。

---

① 即便到了东汉之初，儒家地位已登峰造极之时，法家地位依然还得以保持。比如班固《汉书·古今人表》中，把从古至秦末的人分为九等：上上（圣人）、上中（仁人）、上下（智人）、中上、中中、中下、下上、下中、下下（愚人）。儒家所宪章的"三皇五帝"、尧、舜、禹、汤、文、武、周公、孔子等自然被列入"上上"；所贬斥的"四凶"（共工、三苗、讙兜、鲧【鯀】）、有扈氏、后羿、桀、纣、妲己、管蔡、阳虎、吴王夫差、赵高及楚王负、燕王喜、魏王假、齐王建等被秦消灭的东方六国之君全入"下下"，亦即"愚人"之列。儒家意识形态的气味很浓。但法家代表人物李悝入"上下"，商鞅、申子、韩非入"中上"，吴起、秦孝公、秦始皇、李斯入"中下"。这评价标准尚算客观公正。要知道，儒家大人物公孙弘也仅入"中上"而已。可见，儒家思想主导下的意识形态指挥棒尚未跑偏（北京：中华书局，1962年，第863—951页）。

朝廷主导下的对儒家经典的诠释是为了创造适合统治需要的政治学说。思想的大一统，绝非只发生在儒学领域。这种整理的趋势必将波及诸子学，不整理趋新则极可能失传湮灭。而在法律文书领域内，对此前杂乱无章的律令进行整理、编纂，从小的方面来讲，便利了具体司法工作；而上升到国家政治的层面，则能为国家的统治添砖加瓦。始则是具体主持律令工作者的想法，而后也逐渐成为政治高层的共识。正是在这一整理的时代潮流之下，儒家逐渐生成自己的"道统"。①我国古人喜讲"渊源有自"，皋陶被奉为古代法官的祖师，鲁班乃木匠的鼻祖……那么，法家是否也应该立一"法统"呢？估计汉代的法术之士也想过这一问题。"法统"何以没有生成，不得而知。但是，至迟到唐人那里，律典的谱系却最终形成了。

东汉哲人王充在《论衡》一书中，特设"语增篇""儒增篇""艺增篇"三篇，罗列了他的时代里很多被夸大其词的论说，他真可谓我国古代破除伪邪之说的先师。如《儒增篇》：

> 儒书称："尧、舜之德，至优至大，天下太平，一人不刑。"又言："文、武之隆，遗在成、康，刑错不用四十余年。"是欲称尧、舜，褒文、武也。夫为言不益，则美不足称；为文不渥，则事不足褒。尧、舜虽优，不能使一人不刑；文、武虽盛，不能使刑不用。言其犯刑者少，用刑希疏，可也；言其一人不刑，刑错不用，增之也。②

又《语增篇》：

> 孔子曰："纣之不善，不若是之甚也，是以君子恶居下流，天下之恶皆归焉。"孟子曰："吾于《武成》，取二三策耳。以至仁伐不仁，如何其血之浮杵也？"……若孟子之言，近不血刃。浮杵过其实，不血刃亦失

---

① 《汉书·艺文志》是这样论说儒之渊源的："儒家者流，盖出于司徒之官，助人君顺阴阳明教化者也。游文于六经之中，留意于仁义之际，祖述尧舜，宪章文武，宗师仲尼，以重其言，于道最为高。"（第1728页）

② 黄晖：《论衡校释·儒增篇》，北京：中华书局，1990年，第359页。

其正。一圣一贤，共论一纣，轻重殊称，多少异实。①

再《语增篇》：

> 传语曰："秦始皇帝燔烧诗书，坑杀儒士。"言燔烧诗书，灭去五经文书也；坑杀儒士者，言其皆挟经传文书之人也。烧其书，坑其人，诗书绝矣。言燔烧诗书，坑杀儒士，实也；言其欲灭诗书，故坑杀其人，非其诚，又增之也。②

秦汉魏晋至隋唐时代的中国大地上，"儒增""艺增""语增"的事经常发生，家家都在仿效，这种风气的形成已经难以分清是意识形态影响了学术流派，还是学术观点反过来影响了意识形态。但这种风气也逐渐出现在政治、社会之中，甚至还影响到外来的佛教、新创的道教——都在夸大自己创始人的高大形象。故历代"高僧传"中神异之事愈后愈多③，道教甚至编出老子出关为浮屠，化胡的故事④。在这种思潮播扇之下，法术之士梳理出李悝与法经，法经与商鞅相秦之关系的学说，与汉初萧何制定的《九章律》相链接，极有可能。这也正迎合了受儒教与释教经典整理、疏证之风影响下的法典整理、编纂之势。"法统"已明，法典的编纂更有了鲜明的理论指导与规划坐标。比如，《周礼》自然是春秋战国时儒者对西周政制的美好想象，并非信史；但却反过来影响了后世的政制建设，比如新莽、北周的政制，特别是北周，几乎完全照搬《周礼》之政制。表面食古不化，实则"托古改制"。

---

① 黄晖：《论衡校释·语增篇》，第345页。
② 黄晖：《论衡校释·语增篇》，第354—355页。
③ 当然，中国古代诸多正史中，皇帝将相出生、成长过程中的神异之事也是史不绝书。这两者的逻辑联系是一致的：让人相信他们并非常人，宣告他们统治的超验性与正当性。
④ 东汉时期即有此说。《后汉书》载汉桓帝延熹九年（166年）襄楷所上奏章中有"或言老子入夷狄为浮屠"的说法。至西晋惠帝时，天师道祭酒王浮每与沙门帛远争邪正，遂造作《化胡经》一卷，记述老子入天竺变化为佛陀，教化胡人之事，以谤佛法。后人陆续增广改编为十卷，成为道教徒攻击佛教的依据之一，借此提高道教地位。由此引起了道佛之间旷日持久的冲突，唐高宗、中宗都曾下令禁止该书流布。元世祖至元二十二年（1285年），下令焚毁，从此亡佚。今英、法等国所藏敦煌《化胡经》残卷，当系十卷本，非王浮原书。

泰始四年（268年）正月，晋武帝司马炎大赦天下，颁晋令于天下。开元二十五年（737年）九月，唐玄宗李隆基颁唐令于天下。而就中古时代的令典沿革史而言，曹魏令、泰始令乃开端者，开元令乃殿军者。在中国令制史上，这三部令典具有重要的地位。本书主要探研的乃开其端的魏晋令，但为了突出其地位，谈论的时段上起东汉末，以曹魏令、泰始令的生成为核心；下至唐宋，以唐宋令的相关规定为主轴。

二、研究现况

（一）国内研究现况

科学地研究中古令典的历史，应该是清末民初现代西方科学研究方法被引入我国后逐渐发生之事。到目前为止，在这一领域，前人已取得很多成果。

沈家本在《历代刑法考》一书中，专列《律令考》九卷，对中古时期的令做了简明扼要的梳理，但辑佚令条本身并非他关注的重点。他更在意考知历代出现的法律形式，进而对其编辑考订。严可均在《全晋文》辑佚晋令典条文43条。程树德《九朝律考》可谓辑佚历代令典的里程碑性质的著作。但该书辑佚令条的方法过于机械：考历代正史、类书、政书等中有言"某某令"者编缀于书。此方法之好处在于，基本可以保证所辑之令可信度高；不好之处在于，未写"某某令"者则被漏辑。张鹏一《晋令辑存》辑录的仅是晋代令典，辑佚条数多于程树德，但亦有误辑之处。杨鸿烈《中国法律发达史》对晋令略有评述。陈顾远《中国法制史概要》中专列"重要典籍"一章，对"秦汉以后的令"有分析定性。黄秉心《中国刑法史》认为律令格式的关系是："四法中，除律（为刑法典）外，皆为行政上之法规；国家之政务，均须依此施行，有反此者，则据律处断。"[①]首次运用西方法律理论做出"令"是行政法性质的判断，影响深远。

1949年中华人民共和国成立之后，尤其是改革开放以后，法律史学界对

---

① 黄秉心编著：《中国刑法史》，上海：上海书店，1992年，第292页。

中古时期的律令问题关注渐多。韩玉林《魏晋律管窥》认为，"魏律对汉律删繁去芜，扩充了正律律文……但它对律令的界限，始终没有明确区分。晋律开始别令于律"①。认为晋代才严格区分律令界限，明显有褒晋贬魏之倾向。李玉生《魏晋律令分野的几个问题》②对律令分野问题作了深入探讨，提出了律令分野始于曹魏说，令人信服。张建国在魏晋律令研究方面成绩卓著，《"科"的变迁及其历史作用》《魏律篇目及其次序考辨》《魏晋律令法典比较研究》③等文章，对魏科存在与否、《魏新律》的篇目及其排序、魏晋两朝律令法典编纂取得的成就及其继承关系等问题作了精深解读，多已成不刊之论。刘笃才在汉及魏晋法律形式及律学思想变迁等方面的研究甚为精审，《论张斐的法律思想——兼及魏晋律学与玄学的关系》④《论魏晋时期的立法改革》⑤《论汉代法律体系的几个问题》⑥等文章，对一些成说提出了修正性意见。

历史学界对中古令典研究贡献卓著。陈梦家在20世纪60年代所撰《西汉施行诏书目录》⑦认为，甲乙丙令的编纂或在汉武帝初年；甲乙丙令的分类是按事类性质不同，即《晋志·刑法志》所云"集类为篇，结事为章"；甲乙丙令集中的诏书以年代为序；甲乙丙令中的每一章如"符令""箠令"是单一诏书，不是专行之令，专行之令分若干章。这是我国学者最早利用出土文献解析汉令的成果。祝总斌曾先后撰有《关于我国古代的"改法为律"问题》《略论晋律的"宽简"和"周备"》《略论晋律的"儒家化"》⑧三篇长文，分别阐述古代所谓"改法为律"存在与否、晋律的划时代意义与晋律对于中国法律儒家化的重要贡献等问题。楼劲《〈格〉〈式〉之源与魏晋以来敕例的

---

① 韩玉林：《魏晋律管窥》，中国法律史学会主编：《法律史论丛》第3辑，北京：法律出版社，1983年，第78页。
② 李玉生：《魏晋律令分野的几个问题》，《法学研究》2003年第5期。
③ 张建国：《帝制时代的中国法》，北京：法律出版社，1999年，第71—88、89—100、113—128页。
④ 刘笃才：《论张斐的法律思想——兼及魏晋律学与玄学的关系》，《法学研究》1997年第6期。
⑤ 刘笃才：《论魏晋时期的立法改革》，《辽宁大学学报（哲学社会科学版）》2001年第6期。
⑥ 刘笃才：《论汉代法律体系的几个问题》，《当代法学》2004年第4期。
⑦ 陈梦家：《汉简缀述》，北京：中华书局，1980年，第280—281页。
⑧ 祝总斌：《材不材斋文集：祝总斌学术研究论文集》（上编），西安：三秦出版社，2006年，第323—404页。

编纂》①，对格式之渊源的制敕的编纂情况作了深入研究；《北魏天兴"律令"的性质和形态》②则认为北魏初制定的天兴"律令"均为科条诏令集，并不同于魏晋以来的制定法形态，反而学习的是汉律令制度，而此后制定的律令则逐渐向魏晋律令制度靠拢；《北齐令篇目疑》③证明北齐令是晋、梁令体系的延续，对于北齐令何以自出心裁，创变令体，改以尚书诸曹为目提出了质疑；《关于北魏后期令的班行问题》④对北魏后期令的制定与颁行作了全面的梳理、研究。

此外，杨一凡、朱腾主编的《历代令考》中还收录了戴建国、吴丽娱、牛来颖、黄正建、张忠炜、吕志兴、赵晶、唐雯等中国学者及榎本淳一、土肥义和、冈野诚等日本学者对中古令典沿革所做的研究文章，是该研究领域汇编中最权威的一本，值得认真学习。

（二）海外研究现况

海外中国学研究方面，以日本学者贡献最大。中田薰《法制史论集》第四卷补遗中有《中国律令法系的发展》一文，系统阐述了中国古代诸时期律令内容及其演变情形。中田氏对汉令的认识是：令典分甲乙丙篇，各篇下按事项排列而称为某令（如祠令、斋令、胎养令、养老令、篁令等）；令典是在前帝去世后，将前帝诏令依据事情轻重而分纂为甲乙丙诸篇的诏令集；令典亦具有刑法的性质，是补充刑法典的副法；带有著令用语的前帝诏令被追加编入带有干支令的令典各篇之中，其结果是各篇内容逐渐增多，遂有第一、第二之分；伴随着令典内容的增多，其部分分化为独立的特别令书，挈令即为其一（挈令是官吏所集录的与自己职务相关的诏令并可以携带的"令集板"）；令典的部分内容又分化为单行律令（如金布令——金布律）。⑤尽管在此后的

---

① 楼劲：《〈格〉〈式〉之源与魏晋以来敕例的编纂》，《文史》2012年第2辑。
② 楼劲：《北魏天兴"律令"的性质和形态》，《文史哲》2013年第2期。
③ 楼劲：《北齐令篇目疑》，《文史》2000年第4辑。
④ 楼劲：《关于北魏后期令的班行问题》，《中国史研究》2001年第2期。
⑤ [日]中田薰：《法制史论集》第4卷（补遗），东京：岩波书店，1964年，第75—76、77—78、198、193、199页。

研究中人们对中田薰的一些见解存有不同看法，但他对汉令形式、性质、结构及令的分化、律令转化的全面解析，将汉令研究推上了一个新台阶。浅井虎夫《中国法典编纂沿革史》对中古令典作了梳理工作，尤其是对"晋令"，他从《唐六典注》《初学记》《北堂书钞》《艺文类聚》《后汉书·栾巴传注》《宋书·礼志》《北史·刘芳传》《太平御览》及《酉阳杂俎》等诸书中，辑佚晋令条文达153条之多。仁井田陞在中国法制史领域取得了巨大成就。毫不夸张地说，在日本，中国法制史作为一门学科确立起来，首先是依靠了仁井田陞先生的力量。①他所撰《唐令拾遗》一书，详细辑佚、考订唐令达715条②，对中国中古时期令典关系、地位等问题有详细的陈述。广濑薰雄《秦汉律令研究》一书，其第二部分第三章为秦令专论③，认为秦令是存在的，只是并非法典意义上的"令"。秦汉令的形式、制定程序完全相同。大庭脩《秦汉法制史研究》④对汉代制诏形态作了详细分析，揭示了汉令作为法源的形成过程，进一步深化了汉令研究，并影响到对魏晋令制的探究。堀敏一《晋泰始律令的制定》⑤在中田薰观点的基础上，提出汉令已是令典、魏令的发达跟九品中正制的确立及国家对人民直接统治的加强关系重大、晋律令制定以后律令分野才真正实现等论点。如今看来，他的具体观点需要更正，但其论证的方法值得借鉴。冨谷至《通往晋泰始律令之路》⑥认为，汉代的令还不是令典，只是文件集形式的诏令集；魏令与汉令一样，仍然是文件集性质的诏令集；到晋令出台，没有了罚则存在，令典才诞生。他认为晋令典之所以出现，跟纸的普及使用关系重大。在继承仁井田陞、曾我部静雄观点的基础上，他

---

① [日]滋贺秀三：《日本对中国法制史研究的历史和现状》，中国法律史学会主编：《法律史论丛》第3辑，第298页。
② [日]仁井田陞原著：《唐令拾遗》，栗劲等编译，长春：长春出版社，1989年，第2页。
③ 本节后由朱腾翻译以专文"秦令考"收入杨一凡、朱腾主编《历代令考》中，北京：社会科学文献出版社，2017年，第148—181页。
④ [日]大庭脩：《秦汉法制史研究》，徐世虹等译，上海：中西书局，2017年。
⑤ 杨一凡总主编，[日]寺田浩明本编主编，[日]冈野诚本卷主编：《中国法制史考证》丙编第二卷《日本学者考证中国法制史重要成果选译（魏晋南北朝隋唐卷）》，程维荣等本卷译者，北京：中国社会科学出版社，2003年，第282—301页。
⑥ 收入杨一凡、朱腾主编：《历代令考》（上），北京：社会科学文献出版社，2017年，第108—147页。

认为令典的产生跟礼尤其是《周礼》关系甚大。

综上所述，国内外著述对中古时期尤其是魏晋时期的令典作了深入的探讨，但已有的成果中通贯地研究中古令典沿革的并不多，因此，本书的写作是有意义的。

三、研究方法

本书采用专题论证的形式，试图对魏晋至隋唐时期的令典的沿革史作一探索。主要运用的研究方法如下。

1. 史料考订法。在史料收集和使用层面，充分重视中古时期诸正史及《唐律疏议》《唐六典》等政书的使用，并重视《文选》《太平御览》《群书治要》《文苑英华》《艺文类聚》《北堂书钞》《全上古三代秦汉三国六朝文》等类书的作用。还系统梳理从《商君书》《孟子》《荀子》《韩非子》到秦汉魏晋南北朝隋唐的诸子书文献，充分发掘上述文献中的中古律令资料，以唯物史观为指导，有一分证据说一分话，无征不信、孤证存疑，理清历史的脉络。

2. 二重证据法。王国维言："吾辈生于今日，幸于纸上之材料外，更得地下之新材料。由此种材料，我辈固得据以补正纸上之材料，亦得证明古书之某部分全为实录，即百家不雅驯之言亦不无表示一面之事实。此二重证据法，惟在今日始得为之。虽古书之未得证明者不能加以否定，而其已得证明者不能不加以肯定，可断言也。"①此"二重证据法"一经王先生提倡，天下景从，已成为研究历史重要方法之一。秦汉中古时期，出土法律文献愈来愈多，和散见的碑刻、墓志等资料一起，对传世典籍的记载不乏佐证、纠偏之功。

3. 内史、外史法。从东汉末至唐末，从令典的产生、发展到最终走向开元令的鼎盛，这长达七个世纪的变动不居的令的沿革史，由于文本资料的阙如，深耕细作不易。仁井田陞先生在《唐令拾遗》序论中说，"为研究方便起见，我们可以把法律史分成对法规本身进行整理的外史部分和对法律内容如

---

① 王国维：《古史新证——王国维最后的讲义》，北京：清华大学出版社，1994年，第2—3页。

债权法和亲族法进行分析的内史部分。下面仅就外史部分进行研究，而不涉及内史部分"①。为何仅研究外史部分，固然有主题关涉不大，怕枝蔓的原因；更主要的原因还在于，对法规本身进行研究的文本资料十分匮乏。资料堪称繁富的唐令领域都存在这样的困难，更不用说魏晋及南北朝隋令的研究了。因此，本书也将主要着力于外史的角度。

---

① ［日］仁井田陞原著：《唐令拾遗》，栗劲等编译，第801页。

第一章　先秦秦汉令之演变

第一节　概　　述

行文开头，必须先界定清楚一些概念，方能展开以下的论述。

从中国法律形式发展的历程来看，应是先有了"令"，紧接着有了"法"，最后才产生了"律"。必须指出的是，早期的"令"跟魏晋法典化以后的"令"不完全是一回事。早期的"令"乃法律的泛称，很多时候还特指王言王令。而魏晋以后的"令"已是一种固定化的有封闭结构的法典，它拥有自己既定的内涵与外延。

我们不妨先来回顾一下历史上对"令"所作的经典性定义：

> 夫法者，所以兴功惧暴也。律者，所以定分止争也。令者，所以令人知事也。（《管子·七臣七主》）[1]

定义的指向比较含混，似乎只是点明了"令"有宣告的意思。

> 主上有令；官府有法；令者，言最贵者也。（《韩非子·问辩》）[2]
> 令者，人主之所以为命也。（《吕氏春秋·圜道》）[3]
> 命为"制"，令为"诏"。（《史记·秦始皇本纪》）[4]

以上三条定义应该有相承性，都指出主上或皇帝的诏令就是令，而且它

---

[1] 黎翔凤撰，梁运华整理：《管子校注》，北京：中华书局，2004年，第998页。
[2] （清）王先慎撰，钟哲点校：《韩非子集解》，北京：中华书局，1998年，第394页。
[3] 许维遹撰，梁运华整理：《吕氏春秋集释》，北京：中华书局，2009年，第81页。
[4] 《史记》卷6《秦始皇本纪》，第236页。

是最重要的法律。

> 前主所是著为律，后主所是疏为令。（《汉书·杜周传》）①

王符在《潜夫论·衰制》中言：

> 法也者，先王之政也；令也者，己之命也。②

王符的话似乎是杜周意思的重申，都在着意区分先王与后王诏令之差别，至于什么是律、令以及两者间的区别，并没有说清。

《汉书·宣帝纪》文颖注：

> 天子诏所增损，不在律上者为令。③

若把文颖的话换成白话文，就是说，皇帝的诏令有两种结果：入律的叫律，没有入律的就是令。事实果真如此吗？按照日本学者中田薰与大庭脩两位先生的观点，只有有固定著令用语的诏令才能被称为"令"，其他的则非。

《盐铁论·刑德》：

> 大夫曰："令者所以教民也，法者所以督奸也。"④

刘熙在《释名》卷六《释典艺》中称：

> 律，累也，累人心，使不得放肆也。
> 令，领也，理领之，使不得相犯也。⑤

这两句话突出的意思是，令有导引民众的功用，正如时下的道德所起之作用一样。这确实也是令的性质的一面。

张斐在《晋律律序》中说：

---

① 《汉书》卷60《杜周传》，第2659页。
② （汉）王符著，（清）汪继培笺，彭铎校正：《潜夫论笺校正》，北京：中华书局，1985年，第243页。
③ 《汉书》卷8《宣帝纪》，第253页。
④ 王利器校注：《盐铁论校注》，北京：中华书局，1992年，第565页。
⑤ （汉）刘熙撰，（清）毕沅疏证：《释名疏证》，上海：商务印书馆，1936年，第194页。

> 律令者，政事之经，万机之纬。①

杜预《律序》曰：

> 律以正罪名，令以存事制。②

这是在"律令分野"后，注释晋律令的两位专家为晋律、令下的定义，突出了"令"政令法规的意味。

《唐六典》"刑部郎中"条言：

> 律以正刑定罪，令以设范立制，格以禁违正邪，式以轨物程事。③

这是唐玄宗时李林甫诸人给"律""令""格""式"下的定义，很明显是延续了杜预的概念后申发所致。

对比来看界定律与令、法与令的上述论述，我们可知，律、令的定义未必是确定的。但大体上而言，它们揭示了两个方向：其一，律=基本法（正法），令=单行、追加法；其二，律=刑罚法规，令=非刑罚、行政法规。④

日本学者冨谷至先生所言很有启发意义，无论拿哪个定义来界定律、令，都有很多的例外可以轻易地否定掉它。这就说明，古人给律、令下的定义并不科学。

陈寅恪先生认为：

> 律令性质本极近似，不过一偏于消极方面，一偏于积极方面而已。⑤

张建国先生认为：

> 律是一种为了配合中央集权体制以及行政体系的发达而制定的一种

---

① （唐）欧阳询撰，汪绍楹校：《艺文类聚》卷54《刑法部》，上海：上海古籍出版社，1999年，第980页。
② （宋）李昉等撰：《太平御览》卷638《律令下》引杜预语，北京：中华书局，1960年，第2859页。
③ （唐）李林甫等撰，陈仲夫点校：《唐六典》，北京：中华书局，1992年，第185页。
④ [日]冨谷至：《通往晋泰始律令之路（I）：秦汉的律与令》，朱腾译、徐世虹校，载杨一凡、朱腾主编：《历代令考》（上），第110页。
⑤ 陈寅恪：《隋唐制度渊源略论稿》，上海：上海古籍出版社，1982年，第100页。

比较稳定的国家大法，它通过各级官僚无条件地执行发挥其法律效力，这其中包括了早在此前就非常成熟的刑事法律……令也不是只代表君主所下达的指令，而是还包括便于律的实施所制定的某些细则和政府首脑征得君主同意而下达的一些政令。律令之间的区别只是表现在律具有稳定性和简明性，令具有便于随时修改补充和把其中一部分作为律的细则的性质。①

日本学者仁井田陞先生对"律""令"的定义，曾提出下列看法：

> 在隋唐，律是刑罚法典，令是非刑罚法典，若律为阴的话，令则为阳。律是禁止之法，令是命令之法。律是对犯人的惩戒之法，令一般是行政法规。②

日本学者大庭脩先生认为：

> 如果根据当时（宋代）的表述，"禁于已然"就是敕，敕是对已犯法者的惩治。令则"禁于已然"，教育人们这种行为不可为，体现了自古以来的"令者，教也"的观念。格指"设于此而逆彼之至"。例如"赏格"规定了对何种行为给予何种奖赏——"设于此"，如果实际上有符合规定者就去实施——"逆彼之至"。式是"设于此而使彼效之"，这是程序上的公文格式，明显反映了中国传统中的公文主义。③

大庭脩先生的定义是针对宋代法律形式而言的，是律令严格分野、分工以后的内涵。

很显然，以上所有的定义都有其局限性，涵盖不了所有时期的"令"的内涵。尤其值得警惕的是，借用大庭脩先生喜讲的论证方法来说，就是不能拿后世的事来反推前代。比"律"的情况更复杂，"令"其实是一个在不断变化发展着的概念，先秦的令与秦汉的令不同，秦汉的令又与魏晋以后的令异样。

---

① 张建国：《帝制时代的中国法》，第9—10页。
② ［日］仁井田陞：《中国法制史》，牟发松译，上海：上海古籍出版社，2011年，第48页。
③ ［日］大庭脩：《秦汉法制史研究》，徐世虹等译，上海：中西书局，2017年，第4页。

故若想给"令"下个唯一的概念，难度较大。大致而言，对于令的研究应该分成先秦、秦汉、魏晋南北朝、隋唐至元、明清五个时期来进行。

经过以上的梳理，我们知道："令"在先秦是法律的泛称；在秦代与"诏令"几乎同义；至汉代而渐趋复杂，"诏令"跟"令"已不可同日而语，有著令用语的诏令才有资格被编入"令集"①；魏晋之后，令典出现，诏令跟令典走上了各自发展的道路，如唐、宋两朝既有《令典》的制颁，又皆有《大诏令集》②行世即是明证。诏令对令典的影响已大不如前。明代令典条文锐减，至清代则不再有令典存在。总之，固然令在各个时代有不同的面相，但在古代社会，"令是君主或以君主名义发布的各类命令的统称"这一定义是站得住脚的。杨一凡师还认为："检阅现存古代法律文献，令的存在形态大体可分为三种情况：一是君主以诏、敕等形式发布的命令；二是'著为令'的单行法令；三是令典。此外，历代之令还存在于通过编纂敕令形成的具有独立法律形式的立法成果中，如唐代的格是编修君主敕令而来，宋代的编敕是删集君主的敕令而成。"③

第二节 先秦令及相关问题

一、先秦令概观

学界普遍认为，令比律产生要早得多，而且似乎从其产生之日起，就比"法"及后起的"律"具有更灵活、更便捷的特点。《帝王纪》载："汤令，

---

① 诏令是秦之后才有的法律形式，但是，即使在秦汉，也不是所有的诏令最终都成了"令"。笔者认为皇帝的诏令有以下几个归宿：一、久而不用作废；二、因其重要并有持久的效力而上升为"律"或"令"，绝非只是令或令典，如文帝废肉刑诏，按大庭脩的观点就应该入《具律》；三、被编为诏令集；四、成为故事或判例。因此，一说诏令就只想到令集或令典的归宿结果是很狭隘的。

② (宋)宋敏求编：《唐大诏令集》，北京：中华书局，2008年；司义祖整理：《宋大诏令集》，北京：中华书局，1962年。

③ 杨一凡、朱腾主编：《历代令考》"《历代令考》各研究专题学术见解提要"，第1页。

未命之为士者，车不得朱轩及有飞軨，不得乘饰车骈马，衣文绣，命然后得，以顺有德。"①《周礼·大司马》云："犯令陵政则杜之。"②据说越王勾践也曾"令壮者无娶老妇，令老者无娶壮妻。女子十七不嫁，其父母有罪；丈夫二十不娶，其父母有罪"③。《国语·晋语八》载栾怀子出奔楚国，晋统治者因而宣布"从栾氏（出奔）者大戮施"，这被称作"大令""明令"。④《战国策·秦策二》载，秦太后很爱魏丑夫，快要死的时候下令："为我葬，必以魏子为殉。"⑤从这几条材料即可看出"令"具有临时性和具体针对性，且往往指的是王命，即一国的最高统治者就某一专门事项而发布的单行命令，虽具有法律的强制力，但尚未成为一种正式而稳定的法律形式。而"律"的出现，是战国晚期全国走向统一，统治事务日益繁杂，"法"由比较单纯地督促耕战，打击危害君主统治之行为，转向调整更大范围领土、人民的各种新的复杂关系，因而需要更多具体规章制度的结果。至于"令"，当泛指君主对臣民，临时就某一具体事件所发布之命令，所以称它"令人知事也"⑥。它与比较概括、具有普遍性，也比较稳定的"法"与"律"是有所不同的。⑦

"令"在先秦时期常常用来泛指法律，后来则跟"法"合一，成为双音节词"法令"，"令"的独立性反而被掩盖。如《商君书·定分》曰："有敢剟定法令一字以上，罪死不赦。诸官吏及民有问法令之所谓也于主法令之吏，皆各以其故所欲问之法令明告之，各为尺六寸之符，明书年、月、日、时，所问法令之名以告吏民。"⑧而据祝总斌先生考证，传世文献所说的商鞅携《法经》入秦，然后"改法为律"之事，史实并不能证明。祝先生根据传世文献与

---

① （宋）王应麟纂：《玉海》卷65引，南京：江苏古籍出版社；上海：上海书店，1987年，第1219页。
② （清）孙诒让撰，王文锦、陈玉霞点校：《周礼正义》，北京：中华书局，1987年，第2290页。
③ 徐元诰撰，王树民、沈长云点校：《国语集解》，北京：中华书局，2002年，第570页。
④ 徐元诰撰，王树民、沈长云点校：《国语集解》，第421页。
⑤ （汉）刘向集录：《战国策》，上海：上海古籍出版社，1978年，第167页。
⑥ 《管子·七臣七主》："夫法者，所以兴功惧暴也。律者，所以定分止争也。令者，所以令人知事也。"
⑦ 祝总斌：《关于我国古代的"改法为律"问题》，原载《北京大学学报》1992年第2期，后收入氏著《材不材斋文集：祝总斌学术研究论文集》（上编），第341页。
⑧ 蒋礼鸿：《商君书锥指》，北京：中华书局，1986年，第141页。

出土文物的比对考证得出的结论是，最早可证明的"改法为律"的事绝不早于公元前 260 年左右，大概只比《魏户律》《奔命律》略早一点。①而且，从较早出现的夹杂于《睡虎地秦简》中的《魏户律》的律文可以看出，那时的"律"仍很粗疏，仍保留了常见的"令"的特征：

> 廿五年闰再十二月丙午朔辛亥，告相邦：民或弃邑居壄（野），入人孤寡，徼人妇女，非邦之故也。自今以来，叚（假）门逆吕（旅），赘婿后父，勿令为户，勿鼠（予）田宇。三枼（世）之后，欲士（仕）士（仕）之，乃（仍）署其籍曰：故某虑赘婿某叟之乃（仍）孙。魏户律②

这是战国时期魏安釐王（前 276—前 243 年在位）发布的"律"，以上告下"令"（或"命"）的形式出现。日本学者大庭脩先生提出"魏户律"是"王命直接入律"的观点，指出"魏户律"及"魏奔命律""具有教令的性质"③，与秦汉"律"的面貌不尽同。上引"魏户律"与"魏奔命律"以及青川木牍秦"为田律"，都可视为早期"律"的雏形。④祝总斌先生也认为"这当是一种'律'的原始形式，或最早的单行律文，名虽称'律'，实和殷周以来君主发布的诰令、单行法令在形式上颇为相似。如和秦律十八种、效律比较，后者形式上便进步得多。它或规定章程制度，或明确惩罚手段和数量；用语、行文俱较精炼，'弗欲''不忍'等感情字句已予删落，发布律文的年、月、日和执行官吏的规定，也全省略"⑤。总结这些学者的观点，我们得出的结论就是：律脱胎于令，令是律的母体。虽说秦代、汉初之律已有了明显的发展，但是仍留存有"令"的痕迹。如《睡虎地秦墓竹简·效律》有"某廥禾若干石，仓啬夫某、佐某、史某、廪人某"，"某廥出禾若干石，其余禾若干石"⑥等记载，是以口语形式表达出来的。这说明早期的"律"，不论是战国末期的秦律文，

---

① 祝总斌：《材不材斋文集：祝总斌学术研究论文集》（上编），第327页。
② 睡虎地秦墓竹简整理小组编：《睡虎地秦墓竹简》，北京：文物出版社，1978年，第292—293页。
③ ［日］大庭脩：《秦汉法制史研究》，徐世虹等译，第49、10页。
④ 张忠炜：《秦汉律令法系研究初编》，第126页。
⑤ 祝总斌：《材不材斋文集：祝总斌学术研究论文集》（上编），第333页。
⑥ 睡虎地秦墓竹简整理小组编：《睡虎地秦墓竹简》，第119页。

还是汉初的律文中，仍然保留有"令"的教导意义。这与后代的"律"明显不同。①

法与令的出现比律要早，战国以前已经存在，对这一推断学界基本无异议。到了秦孝公执政时期的秦国，法与令仍是主要的法律用语，如《史记·秦本纪》讲到秦孝公三年（前359年），"卫鞅说孝公变法修刑，内务耕稼，外劝战死之赏罚，孝公善之。……卒用鞅法"②。我们从《史记·商君列传》提到卫鞅变法时的记载，也可证实这一点。当时孝公以卫鞅为左庶长，所定变法之令包括："令民为什伍，而相牧司连坐。不告奸者腰斩，告奸者与斩敌首同赏，匿奸者与降敌同罚。"接下来又说，"令既具，未布，恐民之不信"，便以徙木赏金的方式"以明不欺。卒下令"。但是，令行于世经年，秦国老百姓到国都举报令之不便的有上千人，结果在严格处罚太子犯法一事后，"明日，秦人皆趋令"。当这些令"行之十年"取得极大成效时，"秦民初言令不便者有来言令便者，卫鞅曰：'此皆乱化之民也'，尽迁之于边城。其后民莫敢议令"③。在这段引文中，令字出现的频次很高，皆指向两个意思：命令与法令，而律字却只字未提。

《淮南子·要略》言："申子者，韩昭釐之佐；韩，晋别国也，地墽民险，而介于大国之间，晋国之故礼未灭，韩国之新法重出，先君之令未收，后君之令又下，新故相反，前后相缪，百官背乱，不知所用，故刑名之书生焉。"④《淮南子》此言主要是在阐述"刑名"学产生的情况，但无意中也给我们揭示了西汉人所理解的古代礼、法、令三者之间的关系问题，相较于礼、法，令由于是君主的口授，其权威性、灵活性、适应性更强，故流变也速。令累积太多的结果就是"前后相缪，百官背乱，不知所用"，于是就需要对其进行整理并解释阐发，中国古代的法学——刑名学因之就产生了。值得注意的是，此处竟然也只字未提律字。

---

① 张忠炜：《秦汉律令法系研究初编》，第127页。
② 《史记》卷5《秦本纪》，第203页。
③ 《史记》卷68《商君列传》，第2230—2231页。
④ 何宁：《淮南子集释》，北京：中华书局，1998年，第1462页。

《睡虎地秦墓竹简·语书》曾记载了秦王嬴政二十年，秦国的南郡郡守腾下颁的一个告令，不少地方出现了"法律令"合称的词语，如"凡法律令者，以教道（导）民，去其淫避（僻）"，"今法律令已具矣，而吏民莫用"，"故腾为是而修法律令、田令及为间私方而下之"等。①"令"在这里跟"法""律"合称，绝非同义复词，而是确指"令"这一法律形式，腾的文告里就明确提到了"田令"。此时的"令"应该已是一种法律形式，而非法律的泛称。这种结果是什么时候开的头，定的型，资料有限，难以考究，估计其出现与法家人物的提倡关系紧密。前文提到，《韩非子·问辩》言："主上有令"，"官府有法"，"令者，言最贵者也"；《吕氏春秋·圜道》也说："令者，人主之所以为命也"；在秦朝建立以后，《史记·秦始皇本纪》载秦始皇语："命为'制'，令为'诏'"。诏令出现了。其间的发展演变显然是一脉相承、轨迹明显的；可能正是在这个演变过程中，"令"作为一种独立的法律形式逐渐被确立。

　　至汉代，"如律令"成为公文习惯的结束语。汉吏考课很重要的一项标准就是是否"颇知律令"②。《风俗通义》说："故文书下'如律令'，言当承宪履绳墨，动不失律令也。"③不但如此，"如律令"道家亦袭用之④，"急急如律令"都成为了镇墓文的常用语⑤。这最能反映秦汉重视法律令的程度。

二、李悝撰《法经》及秦汉"律令"相关问题辨⑥

　　《晋书·刑法志》载："（李）悝撰次诸国法，著《法经》。……其轻狡、

---

① 睡虎地秦墓竹简整理小组编：《睡虎地秦墓竹简》，第15页。
② 邢义田：《秦汉的律令学——兼论曹魏律博士的出现》，《治国安邦：法制、行政与军事》，北京：中华书局，2011年，第1页。
③ （汉）应劭撰，王利器校注：《风俗通义校注》第2版，北京：中华书局，2010年，第584页。
④ 陈槃：《汉晋遗简识小七种》，上海：上海古籍出版社，2009年，第41页。
⑤ 详见邢义田：《秦汉的律令学——兼论曹魏律博士的出现》，《治国安邦：法制、行政与军事》，第5页注20。
⑥ 本部分乃笔者2014年吉林大学博士论文的内容。关于李悝与《法经》存在与否的问题，笔者近年又有新的想法，主旨在于否定其存在。但是，既为了保持原始书写的完整性，又为了展现个人学术思想的发展痕迹，加之，此部分的某些解释尚可自圆其说，故特意保持原样。

越城、博戏、借假不廉①、淫侈、逾制②以为《杂律》一篇，又以《具律》具其加减。是故所著六篇而已，然皆罪名之制也。商君受之以相秦。汉承秦制，萧何定律，除参夷连坐之罪，增部主见知之条③，益事律《兴》《厩》④《户》三篇⑤，合为九篇。"⑥这是传世文献中对战国秦汉间法典传承的经典文本描述，仍然是我们研究这段时期法律问题的基本资料。固然出土的"睡虎地秦简""张家山汉简"等秦汉的简牍中，"律"不止《法经》之六种，亦非《九章律》之九种；"睡虎地秦简"中有律二十种之多，"张家山汉简"中的律更是多达二十七种，但是否就能断定流传至今的传世典籍记载不实呢？笔者认为应该慎下决断，不宜轻易地否定其可信性；而应该在"二重证据法"的引导下，恰当地解释这种历史描述的可能性。

王国维先生在《古史新证》一书中曾说："吾辈生于今日，幸于纸上之材

---

① 《晋书·刑法志》后文又为"假借不廉"。
② 明代董说《七国考》有所谓"六禁"之说：淫禁、狡禁、城禁、嬉禁、徒禁、金禁。（明）董说：《七国考》，北京：中华书局，1956年，第366—367页。大致可以指代此处所指的六种罪行，如淫侈属淫禁，轻狡入狡禁，越城乃城禁，博戏是嬉禁，借假不廉可能是金禁，但逾制跟徒禁则毫无关系。从《吕刑》《汉书·刑法志》《晋书·刑法志》一路看来，像"六禁"这么精炼总结的罪名用语几无二见，定是后人整理《法经》的成果，正如《唐律》中对"六赃""六杀"罪的界定那样。故"六禁"之说不可信。
③ 日本学者堀敏一先生认为"部主见知之条"是张汤所定，并非萧何之功。详见[日]堀敏一：《晋泰始律令的制定》，载杨一凡总主编，[日]寺田浩明本编主编，[日]冈野诚本卷主编：《中国法制史考证》丙编第二卷《日本学者考证中国法制史重要成果选译（魏晋南北朝隋唐卷）》，程维荣等本卷译者，第287页注①。类似观点，张建国先生也曾提出，见张建国：《叔孙通定〈傍章〉质疑——兼析张家山汉简所载律篇名》，《帝制时代的中国法》，第59页。《史记·秦始皇本纪》载李斯"焚书令"曾有"吏见知不举者与同罪"之语（第255页），不就是"部主见知之条"吗？《汉书·刑法志》："于是招进张汤、赵禹之属，条定法令，作见知故纵、监临部主之法。"（第1101页）只是对秦法的重申与细化而已，且非张汤一人之功。笔者认为，《晋书·刑法志》言萧何增"部主见知之条"也许并没错。不过，他仅是效仿李斯之法，不能冒领首创之功。
④ 《晋书·刑法志》："秦世旧有厩置、乘传、副车、食厨，汉初承秦不改，后以费广稍省，故后汉但设骑置而无车马，而律尤著其文，则为虚设，故除《厩律》。"（北京：中华书局，1974年，第924—925页）
⑤ "汉相萧何，更加悝所造《户》《兴》《厩》三篇，谓九章之律。"[（唐）长孙无忌等撰，刘俊文点校：《唐律疏议》，北京：中华书局，1983年，第2页]《唐六典》卷6注的观点与此同。《睡虎地秦墓竹简》中有魏国的《户律》一则，很可能就是李悝制定或者整理过的，被引用于秦者。而《睡虎地秦墓竹简》中关于兴、厩方面的律条，很可能就是被商鞅带入秦国者。
⑥ 《晋书》卷30《刑法志》，北京：中华书局，1974年，第922页。

料外更得地下之新材料。由此种材料，我辈固得据以补正纸上之材料，亦得证明古书之某部分全为实录，即百家不雅驯之言亦不无表示一面之事实。此'二重证据法'，惟在今日始得为之。虽古书之未得证明者不能加以否定，而其已得证明者不能不加以肯定，可断言也。"① 王先生在重视利用出土文献开拓史学新局面的情况下，审慎地提出了著名的"二重证据法"，影响深远。20世纪初，顾颉刚先生也提出了著名的"层累地造成中国古史观"，倡议对中国古史要重新梳理。对比《晋书·刑法志》之记载与"秦简""汉简"内容之"差异"，笔者认为，固然不能片面地坚守传世典籍正确无误的基调，但是全盘否定其记载的合理性，是十分草率的。王先生"古书之未得证明者不能加以否定"的话值得注意。针对上引《晋书·刑法志》的记载，笔者有以下设想。

（一）对于李悝"撰次诸国法"的理解②

学界的通释是说，魏国的国相李悝把战国时期诸国的法律整理为《法经》六篇，即读为"撰次—诸国—法"。笔者认为还可能有第二种解释：李悝所做的工作是把魏国的许多主要法，而非一般的法，聚成一集——《法经》。就是说，李悝"撰次"的主要还是"魏国"自己的"诸"（很多）"国法"，即读为"撰次—诸—国法"③；当然在这一过程中，难免有吸收别国立法成就的地方——正如"睡虎地秦简"中基本是秦律，但也夹杂了魏国的《户律》与《奔命律》的规定。笔者认为，这两条魏律律文很可能就曾经适用于秦国，起

---

① 王国维：《古史新证——王国维最后的讲义》，第2—3页。
② 关于李悝著《法经》一事，随着出土文献的增多，海外的研究者多持怀疑态度，甚至有的学者认为《法经》是《晋书·刑法志》作者虚构的一本书。对于这种过于"科学"主义而否定传世文献价值的做法，笔者不能苟同。详见[加]叶山（Robin D.S. Yates）：《秦的法律与社会——关于张家山〈二年律令〉等新出土文献的思考》，林凡译，载于郭齐勇主编：《儒家文化研究》第一辑《新出楚简研究专号》，北京：生活·读书·新知三联书店，2007年，第299—325页。
③ 关于句读与文义的关系，陈槃先生曾引述汪之昌说，所论最为中肯："句绝之别，即如此读，则为一义；如彼读，又别为一义。上属下属，只一二字之间，义随之而不同，所谓心意所趣向者此耳。"详见陈槃：《汉晋遗简识小七种》，第197页。近来亦有学者提出："一旦在释文中省去这些钩识符，虽然其功能会被现代标点体现，但古人曾经断句的事实将被掩盖，'律章句'本意也将长久湮没无闻了。"详见张忠炜：《秦汉律令法系研究初编》，第160页。

码是"睡虎地秦简"发现地的秦国土。①李悝的《法经》中,有其自出心裁针对魏国实情制定的法,也有把魏国甚至晋国以前的法整理而留下来的部分,正如上文所引《淮南子·要略》中提及的韩国曾沿用晋国礼法那样。这些法都是事关国家大政方针的规定,并非魏国当时法律的全部,正如后世的《九章律》也并非汉法的全部一样。故《法经》的名称足够直白,顾名思义,乃魏国的大经大法的集合而已,且基本是事关"罪名之制"的,因而开创了中国法典编撰中"以罪统刑"的新体例。②至于《法经》之外,何以还有"律"(户律、奔命律)存在?可能的情况是,"魏编纂了法典《法经》六篇,正文称'法',追加法称'律'"③之缘故。

（二）律、令的严格使用始于何时？

也就是说从所谓的商鞅"改法为律"以后,是否律、令的使用就规范了呢？所有被称作"律"的法都如后世尤其是唐律那么得规范吗？答案是否定的。坚信出土文献记载的学者们一般认为《法经》《九章律》《晋书·刑法志》及《唐律疏议》《唐六典》对秦汉律令发展演变的描述都是有问题的,而且这种错误描述还是一脉相承的。当然,历史上确实不乏这样的一错再错的例证。但是,笔者认为,"律""令"被严格定义以及"律令分野",终至泾渭分明,这应该是发生在曹魏修律令以后的事情。汉承秦制,但秦制中的法律条文其实很散乱。试想,秦统一全国后,已非原先一隅之地的秦国可比,自然会有新情况、新问题不断出现,因此,就需要新的律令制定出台；然后,律令愈发纷杂。这才会出现律令的整理及编纂问题。可史实是,秦之新法尚未

---

① 此类情形在后世也经常发生。比如在西晋时期,就经常用汉魏故事来行事。《晋书·礼志上》载,成帝咸和八年正月"辛未,祀北郊,始以宣穆张皇后配,此魏氏故事,非晋旧也"。又载,"礼,始立学必先释奠于先圣先师,及行事必用币。汉世虽立学,斯礼无闻。魏齐王正始二年二月,帝讲《论语》通,五年五月,讲《尚书》通,七年十二月,讲《礼记》通,并使太常释奠,以太牢祠孔子于辟雍,以颜回配。(晋)武帝泰始七年,皇太子讲《孝经》通。咸宁三年,讲《诗》通,太康三年,讲《礼记》通。惠帝元康三年,皇太子讲《论语》通。……并释奠如故事"。(第585、599页)此例甚多,不一一列举。
② 李玉生：《魏晋律令分野的几个问题》,《法学研究》2003年第5期,第148页。
③ [日]大庭脩：《秦汉法制史研究》,徐世虹等译,第10页。

得到充分制定，已颁行的律令更没来得及让司法实践真正检验，细细的爬梳整理还没被提上日程，秦帝国就灭亡了。到了汉初，迫于形势所需及自身律令修为有限，有创制职责的丞相萧何基本上采用了"拿来主义"的做法。是"萧何定律"①而非"萧何制律"，可能就是把汉朝需要的秦律令经过粗疏地整理，很大部分被保留下来。②而汉文帝废除肉刑诏中前言"具为令"，后又说"臣谨议请定律曰"，再又说"其亡逃及有罪耐以上，不用此令。前令之刑城旦舂岁而非禁锢者"③。律、令不分的迹象很明显。到汉武帝后期，国内矛盾大爆发，不得不突击制定了很多单行的律令——比如《酎金律》《左官律》《告缗令》等，其实它们就是一些应急的特别法，若是被叫作《酎金令》《左官令》《告缗律》，应该也没问题。由此不难看出，汉朝的律、令等法律形式之间的界限似乎还没那么严格。因此，在《法经》《九章律》之外明明还有别的"法""律"甚至"令"，怎么能说《法经》仅有六篇，《九章律》仅有九篇呢？故它们是不可信的。笔者觉得这种观点是站不住脚的。非要强调秦律十八种、汉律二十七种的言之凿凿的"事实"，死扣"律"这个字眼不放，思维就走入了死胡同，绝非解决传世文献与出土文献之间争议的良策。

（三）《法经》《九章律》之外确实还有其他重要的"律"④

原因在于《晋书·刑法志》所说："旧律（指《法经》）所难知者，由于六篇篇少故也。篇少则文荒，文荒则事寡，事寡则罪漏。"由于"六篇"篇数

---

① 《史记·太史公自序》："汉兴，萧何次律令，韩信申军法，张苍为章程，叔孙通定礼仪。"（第3319页）"次"应该是"编次"的意思；《三国志·魏书·高柔传》载曹操任命高柔为丞相理曹掾的令中有言："汉祖除秦苛法，萧何定律。"（北京：中华书局，1959年，第684页）也说是定律。《唐六典》卷6"刑部郎中"条注："汉初，萧何定律令。其后，张汤、赵禹、于定国、黄霸皆继定律令。魏命陈群等撰《州郡令》四十五篇，《尚书官令》《军中令》合百八十余篇。晋命贾充等撰《令》四十篇。"（第184页）更能说明问题，萧何、张、赵、于、黄之流皆言"定"律令；而陈群、贾充乃"撰"令。

② 大庭脩先生觉得刘邦及其功臣们没有重新制定新法典的能力，故用了秦的法律。详见[日]大庭脩：《秦汉法制史研究》，徐世虹等译，第57页。

③ 详见《汉书·刑法志》所载汉文帝废肉刑诏及臣下覆奏（第1098—1099页）。有关汉文帝废肉刑的问题，后文还会论及，此处不赘。

④ 笔者此处所指的"律"，都是应该归入《法经》《九章律》而重新排篇布局，而效力等同于"盗、贼"等章规定的内容，而非上文所提及的名为"律"、实为"令"者。

有限，许多罪刑无法规定，逐渐显得捉襟见肘。怎么办？途径之一就是："是以后人稍增，更与本体相离"，既与本体相离，应该指的是一些单行法规的出台——如上述的《左官律》或者"见知故纵法"等。此外，还应该有第二种途径，也是最偷懒的一种方法：即在制定了一些新条文后，直接附在相关的旧律文之后。对此，《晋书·刑法志》就说得很直白："（《九章律》）世有增损，率皆集类为篇，结事为章。一章之中或事过数十，事类虽同，轻重乖异。而通条连句，上下相蒙，虽大体异篇，实相采入。《盗律》有贼伤之例，《贼律》有盗章之文，《兴律》有上狱之法，《厩律》有逮捕之事，若此之比，错糅无常。"正因此，才有下文"今制新律，宜都总事类，多其篇条"的必要。①革新的手法就是把许多"错糅无常"的律及别的法律形式的法规重新归类定篇，从而制定出《魏新律》及诸令等。

（四）具体分析反推以下文本内容

《盗律》有劫略、恐猲、和卖买人，科有持质，皆非盗事，故分以为《劫略律》。《贼律》有欺谩、诈伪、逾封、矫制，《囚律》有诈伪生死，《令丙》有诈自复免，事类众多，故分为《诈律》②。《贼律》有贼伐树木、杀伤人畜产及诸亡印，《金布律》有毁伤亡失县官财物，故分为《毁亡律》。《囚律》有告劾、传覆，《厩律》有告反逮受，科有登闻道辞，故分为《告劾律》。《囚律》有系囚、鞫狱、断狱之法，《兴律》有上狱之事，科有考事报谳，宜别为篇，故分为《系讯》、《断狱律》。《盗律》有受所监受财枉法，《杂律》有假借不廉，《令乙》有呵人受钱，科有使者验赂，其事相类，故分为《请赇律》。《盗律》有勃辱强贼，《兴律》有擅兴徭役，《具律》有出卖呈，科有擅作修舍事，故分为《兴擅律》。《兴律》有乏徭稽留，《贼律》有储峙不办，《厩律》有乏军之兴，及旧典有奉诏不谨、不承用诏书……故别为之《留律》。秦世旧有厩置、乘传、副车、食厨，汉初承秦不改，后以费广稍省，故后汉但设骑置而无车

---

① 《晋书》卷30《刑法志》，第924、923页。
② 依《唐六典》注所罗列的《魏律》篇目，似应为《诈伪律》。

马，而律尤著其文，则为虚设，故除《厩律》，取其可用合科者，以为《邮驿令》。其告反逮验，别入《告劾律》。上言变事，以为《变事令》，以惊事告急，与《兴律》烽燧及科令①者，以为《惊事律》。《盗律》有还赃畀主，《金布律》有罚赎入责以呈黄金为价，科有平庸坐赃事，以为《偿赃律》。律之初制，无免坐之文，张汤、赵禹始作监临部主、见知故纵之例。其见知而故不举劾，各与同罪，失不举劾，各以赎论，其不见不知，不坐也，是以文约而例通。科之为制，每条有违科，不觉不知，从坐之免，不复分别，而免坐繁多，宜总为免例，以省科文，故更制定其由例，以为《免坐律》。诸律令中有其教制，本条无从坐之文者，皆从此取法也。凡所定增十三篇，就故五篇，合十八篇，于正律九篇为增，于旁章科令为省矣。②

从引文所述《魏新律》对秦汉律的整理分篇可知，《法经》或者《九章律》包罗的内容很多，不少法规并不是"放错了地方"，而很可能是由于书写载体的不便甚或编纂者的惰意，把它们径直放在了一些类似的篇章中了。比如"劫略、恐猲、和卖买人"这些犯罪，在没有重新分篇之前，放在《盗律》里面也凑合，但放在《贼律》里面更合适。③这种方法，不由地让人想起了"类推"原则在古代司法中的使用。两者所体现的思维方式有相似性。从旧律中能分出《魏新律》十八篇的绝大部分，另外还加了两部"令"④，难道还不能说旧律仅是因为编纂技术落后导致的散乱不堪吗？至于魏律令的绝大部分内容，却早已基本涵括于其中了。律令若很散乱，则使用极不方便，早在东汉初，陈宠就曾提出应"集平律令"，未及施行而免官，法律仍然是"旧律繁

---

① 沈家本《律目考》以为乃"合"之讹。
② 《晋书》卷30《刑法志》，第924—925页。
③ 《荀子·修身》："窃货曰盗。""害良曰贼。"[（清）王先谦撰，沈啸寰、王星贤点校：《荀子集解》，北京：中华书局，1988年，第24页]张斐《晋律注》："取非其物谓之盗"，"无变斩击谓之贼。"（《晋书·刑法志》，第928页。）
④ 《邮驿令》与《变事令》。这两种"令"不知是否包括于《尚书官令》《州郡令》或者《军中令》中？只是在《晋令》的篇目中没有看到它们的影子。是晋律令修定时被进一步分割归入律、令中了，或者直接就成了《杂令》中的一种？不得而知。

芜,未经纂集"①。到东汉末,应劭又"删定律令",使得"旧事存焉"②。曹操、曹丕在位时都曾想改变这种境况,都无果而终。魏明帝曹叡对旧律进行的整理与重撰正是为了完成父祖的遗愿,也是为确立魏朝的正统地位③而做的划时代大事。总之,笔者认为,秦律十八种、汉律二十七种可能都是地方官员办案法规大全之类的东西,方便于办案行事,并不能说就是秦汉律的真正实情与全部。但是,可能这种出于便利重新编排国家基本法律的非官方的编纂方法与法律形式重新分类主张,在魏明帝时的修律活动中被直接拿来作为修律方法而付诸实践了。

(五)战国秦汉时的法律体系

战国秦汉之时的法律体系就是:有律有令,律中有令,令中有律;有些令似乎又应属于律,有些律又应该用"令"来指称这么一个混杂的格局。后来,"后人生意,各为章句。叔孙宣、郭令卿、马融、郑玄诸儒章句十有余家,家数十万言。凡断罪所当由用者,合二万六千二百七十二条,七百七十三万二千二百余言,言数益繁,览者益难"④。法律体系的错乱不堪与堆积如山,已经到了难以使用的地步,正因此,必须对律令进行重新大规模地编纂整理。这一工作之所以在汉代没有真正付诸实施,原因很多,笔者推测主要不外以下三点:一、祖宗家法不敢大规模更革的观念深入人心⑤;二、简牍作为文书的载体导致修定工作量太大难以短期见效,于是乎陈陈相因,终致难以卒读;三、主政官员的惰怠。《汉书·外戚传下·孝成许皇后》载:"君子之道,乐

---

① 《晋书·刑法志》,第920页。
② 《晋书·刑法志》,第920、921页。
③ 《三国志·魏书·明帝纪》载:"景初元年春正月壬辰,山茌县言黄龙见。于是有司奏,以为魏得地统,宜以建丑之月为正。三月,定历改年为孟夏四月。服色尚黄,牺牲用白,戎事乘黑首白马,建大赤之旂,朝会建大白之旗。改太和历曰景初历。其春夏秋冬孟仲季月虽与正岁不同,至于郊祀、迎气、祠祠、蒸尝、巡狩、蒐田、分至启闭、班宣时令、中气早晚、敬授民事,皆以正岁斗建为历数之序。"(第108页)
④ 《晋书·刑法志》,第923页。
⑤ 宋代依然如此。《宋史·刑法志》记载宋仁宗尝问辅臣:"或谓先朝诏令不可轻改,信然乎?"(北京:中华书局,1977年,第4962页)

因循而重改作。"①官员们"务在奉行故事而已"②，因循苟且，庸庸碌碌，无所作为。③而到了曹魏之时，改朝换代，这些压力都不存在了，改正朔、修律令、革制度正逢其时。

第三节　秦汉之令问题

一、秦汉令概观

徐世虹先生曾言："所谓'律令'，是当时（秦汉）的人们对其法律体系的一般性定名。这种定名不仅用于国家的法律体系，也见于基层小吏的考核文书，其文常曰'能书会计，治官民颇知律令'，更常见于汉代的下行文书之中，如'如律令'之语。人们学习法律，亦称'学律令''读律令'。"④这当然是事实，但秦汉时律与令尚非两种严格分界的法律形式。

《史记·秦始皇本纪》言："命为'制'，令为'诏'，天子自称曰'朕'。"⑤明言"令"即是皇帝的诏令，这应是对秦国时制度的延续与加强。⑥《汉书·刑法志》说汉文帝下诏废肉刑时，曾"制诏御史"⑦，若是套用"命为'制'，

---

① 《汉书》卷97下，第3981页。
② 《汉书·魏相传》，第3137页。
③ 闫晓君：《两汉"故事"论考》，《中国史研究》2000年第1期，收入《秦汉法律研究》，北京：法律出版社，2012年，第33页。
④ 徐世虹：《说"正律"与"旁章"》，载孙家洲、刘后滨主编：《汉唐盛世的历史解读——汉唐盛世学术研讨会论文集》，北京：中国人民大学出版社，2009年，第290页。
⑤ 《史记》卷6《秦始皇本纪》，第236页。
⑥ 冨谷至曾说：秦简所见之"令"相当于后来的"诏"，自然不能视同为汉令、晋令中的"令"。换句话说，以秦简所见之"令"直接解释律令之"令"，是必须慎之又慎的。[日]冨谷至：《通往晋泰始律令之路（Ⅰ）：秦汉的律与令》，朱腾译、徐世虹校，载杨一凡、朱腾主编：《历代令考》（上），第125页。
⑦ 大庭脩曾说："汉代制书多以'制诏御史'开头的意味，即皇帝以制书向御史表达方针，命令其推进实行方针的计划。"后来，御史分为两部分，一部分成为御史中丞所领导下的监察官，而另一部分的职务逐渐由尚书代行了，因此不存在了。详见[日]大庭脩：《秦汉法制史研究》，徐世虹等译，第32—33页。

令为'诏'"的说法,"制诏御史"就是"命令御史"的意思。这样,由丞相、御史受命制定出来的"令",自然就是"诏令"的组成部分。《汉书·宣帝纪》言:"令甲,死者不可生,刑者不可息。"文颖注曰:"萧何承秦法所作为律令①,律经是也。天子诏所增损,不在律上者为令。"②皇帝的诏令,具有至高无上的法律效力,它是朝廷立法和司法的重要法律渊源与依据,也是秦、汉统治者手中最灵活的治世工具;它可以根据皇帝的个人意志和各个时期客观政治形势的需要,改变或者取消固有法律的某些条款。正如杜周所说:"三尺安出哉?前主所是著为律,后主所是疏为令;当时为是,何古之法乎!"③关于杜周这句话的意思,学术界争议很多,至今尚无令人信服的解释;故一般人提及它时,都予以模糊处理,不作深究。笔者不揣谫陋,有个大胆的推测:杜周所说的"律"与"令",不能从法律形式的角度去理解;因为他在回答的并不是律、令如何区别的问题,而是拿什么来作为判案依据的问题。显然,前后两处分用"律"与"令",仅是为了避免用字的雷同,其实两者应该都是在泛指"法律"④这一总称而已。这句话若今译,似乎应该这样说:什么是法律呢?经前主认可而被整理的固然是,被后王肯定而条理的自然也是。见机行事,符合皇帝的意旨做出的裁决最重要。何必因循古法、教条而不知变通呢!

从散见于《汉书》《后汉书》中的《廷尉挈令》《狱令》《箠令》《宫卫令》《田令》《金布令》《祠令》《任子令》《缗钱令》等令名即可知,汉令调整的社会关系非常广泛,从司法、行政、财务管理到荫子袭爵、祭祀宗庙等社会生活各方面都有严密的规定。⑤但是,秦汉时的令仍然保持了先秦时"教

---

① 此处的"令"字,日本学者堀敏一以为是"今"字之讹,属下句为"今律经是也"。详见《晋泰始律令的制定》,载于杨一凡总主编,[日]寺田浩明本编主编,[日]冈野诚本卷主编:《中国法制史考证》丙编第二卷《日本学者考证中国法制史重要成果选译(魏晋南北朝隋唐卷)》,程维荣等本卷译者,第285页。

② 《汉书》卷8《宣帝纪》,第252—253页。

③ 《汉书·杜周传》,第2659页。

④ 故《唐六典》"刑部郎中"条注释:"令,教也,命也。《汉书》:'杜周曰:"前主所是著为律,后主所是疏为令。"'亦谓法也。"[(唐)李林甫等撰,陈仲夫点校,第184页]说得很明白,律跟令都指的是"法"。

⑤ 赵增祥、徐世虹注,高潮审订:《〈汉书·刑法志〉注释》,北京:法律出版社,1983年,"前言"第1—2页。

令"的意味，跟魏晋以后的"令典"尚不同；可以说它不止包括一种法律形式，更非行政法规的汇编，而起码还包括后世的"诏敕"、律的一部分、令典的绝大部分以及故事等多种法律形式于其中，可谓包罗万象。

《唐六典》卷六"刑部郎中"条注："令，教也，命也。《汉书》：'杜周曰："前主所是著为律，后主所是疏为令。"'亦谓法也。汉时，决事集为《令甲》以下三百余篇。汉初，萧何定律令。其后，张汤、赵禹、于定国、黄霸皆继定律令。魏命陈群等撰《州郡令》四十五篇，《尚书官令》《军中令》合百八十余篇。晋命贾充等撰《令》四十篇。"①讲述了令在汉晋之际的演变过程，似乎在告诉我们：汉时律令混杂，魏晋后律令才真正分野。

《唐六典》卷六"刑部郎中"条注又说："汉建武有《律令故事》上、中、下三篇，皆刑法制度也。晋贾充等撰律、令，兼删定当时制、诏之条，为《故事》三十卷，与《律》《令》并行。梁易《故事》为《梁科》三十卷，蔡法度所删定。陈依梁。后魏以'格'代'科'，于麟趾殿删定，名为《麟趾格》。"②这段话的意思是说，汉代的制诏不少都是"刑法制度"，大多并非晋"令"的来源，而是晋代故事的主要渊源。而晋"令"来源何在呢？不少应是"律"之"未宜除者，若军事、田农、酤酒"，因为"未得皆从人心，权设其法，太平当除"，所以，"故不入律，悉以为令"。③若是"施行制度，以此设教"，结果出现了违反令且已构成犯罪的行为时就得"违令有罪则入律"④。而汉代的制诏之类的法规不少成了晋代"故事"的来源，到了萧梁，"故事"改称为"科"；到了后魏，"科"又变成了"格"。依此逻辑，唐代的"格"就性质

---

① （唐）李林甫等撰，陈仲夫点校：《唐六典》，第184页。
② （唐）李林甫等撰，陈仲夫点校：《唐六典》，第185页。
③ 日本学者堀敏一认为，这段文字中首先要注意的是，它表明尽管在晋律令中，律和令都是作为体系化的法典而制定的，却以律为主，令为从，后者被当作在"将来的太平之世应该废止的权宜的法律"。笔者认为他的理解是大错特错的。不知这是否是翻译时出的错。首先从后世经验来说，令作为法律形式，越来越牢固地占据了很重要的地位。就从文意来说，仅是说这些归于"令"的法在以前是"权设其法"而非以后，现在既然已经律令分野，各归各位了，自然无需再呆在"律"的行列中了。详见《晋泰始律令的制定》，载于杨一凡总主编，[日]寺田浩明本编主编，[日]冈野诚本卷主编：《中国法制史考证》丙编第二卷《日本学者考证中国法制史重要成果选译（魏晋南北朝隋唐卷）》，程维荣等本卷译者，第296页。
④ 《晋书·刑法志》，第927页。

而言其实就是汉代的制诏、诏令。

大庭脩先生曾说："秦改正文之'法'为'律'，追加法也称为'律'。汉继承了秦六律与追加法诸'律'，但从追加法诸'律'中编纂了三篇加入正律而成《九章律》，其余诸'律'也全部继承下来。入汉后的追加法也有追加到律中者，但多数称为'令'。秦令的存在与否，目前尚不明了。"①他对于秦令的存在一直持怀疑的态度。张建国先生则对此提出异议，认为不仅秦存在"令"，而且在"睡虎地秦墓竹简"里面，也存在大量的"令"。②笔者认同张先生的观点。但是，无论秦代有无令，并不影响大庭脩先生所说的"可以考虑这样的可能性：……秦对追加法也称为律"的合理性，可能汉代仍然如此。所以"（秦代）二十七种律③作为追加法已经被整理编纂，则其后的追加法也可能同汉一样，以'令'的名称存在"④是有道理的。

闫晓君师曾说：中日两国学者对秦汉令研究的思路和方法是不一样的。日本学者一直持一种怀疑的态度，从最早的中田薰，开始对有没有"令"产生怀疑，后来对有没有"令典"产生怀疑，再到后来的大庭脩、冨谷至都对这个问题展开了研究，一直到最近的广濑薰雄，他们对这个问题有一个不断深化的、不断否定之否定的过程，实际上他们倾向于怀疑；而中国学者似乎倾向于肯定。⑤

关于秦代存在令的事实，已经被很多出土的法律文献所证明，似已无需怀疑。但是，像"律"那样，严格作为一种"法律形式"而出现，"令"应该要晚于"律"。估计历史上情况的发生是这样的：在法越来越庞杂的情况下，有必要整理重构一种新的法律体系，先是最重要的法被整理制定出来，即被

---

① ［日］大庭脩：《秦汉法制史研究》，徐世虹等译，第10—11页。
② 详见张建国：《秦令与睡虎地秦墓竹简相关问题略析》，收入《帝制时代的中国法》，第19—20页。
③ 张建国：《叔孙通定〈傍章〉质疑——兼析张家山汉简所载律篇名》说到张家山汉简"二十九"篇应该是"二十七"。《帝制时代的中国法》，第70页。
④ ［日］大庭脩：《秦汉法制史研究》，徐世虹等译，第10页。
⑤ 闫晓君师在2011年由华东政法大学主办的"'出土文献与法律史研究'学术研讨会"上对徐世虹先生《出土法律文献与秦汉令研究》一文所做的评述语，详见王沛主编：《出土文献与法律史研究》（第一辑），上海：上海人民出版社，2012年，第308页。

称为《法经》之类①的成文化法典登上历史舞台，后来改"法"为"律"。而对"律"进行补充的法，重要的仍称"律"，甚至不少相关联的条文还被直接附在了原律条之后；那些不太重要的、具体的、细密化的法则被称为"令"②，很可能被单列于"律"外而成为另一系列。而剩下的很多无所不包的法，则被统称为"令"，而"令"未必仅包括诏令中的被编辑者。如此，律令分别的格局初步形成，只是它们之间的分别并非依性质而可能是依时间先后或者重要程度而已。这种局势应该至汉代依然如此，故汉文帝废肉刑诏仍然要求"具为令"，其实按其内容而言明显应该属于"律"的范围。

二、秦汉令的制定

笔者认为所谓的秦汉令，它的法源基本上是诏令，但并不是所有的诏令都有资格成为被编辑的"令"；此时的令还不能算是一种独立的法律形式。但是，不能否定的是，随着时代的发展，有了系统整理法律的需要，新的法律体系的确立与法律形式明确区分的要求呼之欲出。

作为独立法律形式的令的起源问题，大陆和台湾学者虽未明言始于何时，但从他们言令必自秦汉始来看，可以说他们是确信令产生于秦汉的。③而日本有的学者则明确地认定："令的起源可以说是始于汉代。"④日本学者大庭脩先生着力研究汉代诏令的目的，就是想弄明白律令尤其是令与诏令之间的关系问题。那么，秦汉的令是如何制定出来的呢？

谈到秦以后关于制诏分类标准的著作，仅可见《后汉书·光武帝纪》建武元年条章怀太子注所引《汉制度》佚文与东汉蔡邕的《独断》。《汉旧仪》等

---

① 在战国公布成文法的过程中，各国主要法规尚有别的称法，如宪、符、宪令等。但是，毕竟中国法律继承的是魏、秦一脉；因此，"法""律""令"成为最终的法典名称。

② 这似乎从后世的律令比对中也可看出，唐律中有《断狱》篇，唐令中则有更细密化的《狱官令》。

③ 参见《法学词典》（增订版）"令"条，上海：上海辞书出版社，1984年，第185页；陈顾远：《中国法制史概要》，北京：商务印书馆，2011年，第67页。

④ 参见[日]仁井田陞原著：《唐令拾遗》，栗劲等编译，第802页。

其他书籍未见相关佚文。《汉制度》与《独断》的记载几乎一致,这应该是因《汉制度》的作者是胡广,而蔡邕是胡广的弟子,故与胡广有关,且两书均成于东汉后期。① 东汉对西汉时的诸多制度并没有做多大的变动,在没有新材料问世的情况下,我们权且拿东汉皇帝的"四书"来论说整个汉朝,虽难免有瑕疵,但诚属不得已。

表1-1 　《汉制度》与《独断》所载皇帝四书表②

《汉制度》	《独断》
帝之下书有四:一曰策书,二曰制书,三曰诏书,四曰诫敕。	(汉天子正号曰皇帝。)其命令,一曰策书,二曰制书,三曰诏书,四曰戒书。
策书者,编简也,其制长二尺,短者半之,篆书,起年月日,称皇帝,以命诸侯王。三公以罪免亦赐策,而以隶书,用尺一木,两行,唯此为异也。	策书,策者简也。礼曰:不满百丈,不书于策。其制,长二尺,短者半之,其次一长一短,两编,下附篆书,起年月日,称皇帝曰,以命诸侯王、三公。其诸侯王、三公之薨于位者,亦以策书谏谥其行而赐之,如诸侯之策。三公以罪免,亦赐策,文体如上策书而隶书,以尺一木两行,唯此为异也。
制书者,帝者制度之命,其文曰制诏三公,皆玺封,尚书令印重封,露布州郡也。	制书,帝者制度之命也,其文曰制诏三公,赦令、赎令之属是也。刺史、太守相劾奏,申下土,迁书文,亦如之。其征为九卿,若迁京师近官,则言官,具言姓名。其免若得罪,无姓。凡制书,有印使符,下远近皆玺封,尚书令印重封。唯赦令、赎令召三公诣朝堂受制书,司徒印封,露布下州郡。
诏书者,诏,告也,其文曰告某官云云,如故事。	诏书者,诏诰也。有三品,其文曰告某官某,如故事,是为诏书。群臣有所奏请,尚书令奏之,下有司曰制,天子答之曰可。若下某官云云,亦曰诏书。群臣有所奏请,无尚书令奏制之字,则答曰已奏。如书本官下所当至,亦曰诏。
诫敕者,谓敕刺史、太守,其文曰有诏敕某官,它皆仿此。	戒书,戒敕刺史、太守及三边营官,被敕文曰,有诏敕某官,是为戒敕也。世皆名此为策书,失之远矣。

依上表我们知道,皇帝所下书有四种:策书、制书、诏书、戒书。制、诏只是其中较常用的两种,并非皇帝下书的全部。制、诏的下颁有严格的程序与格式。由于这两种文书都是皇帝跟臣下商量重要制度的拟定与修正的,在商量好以后再制简牍下颁下行。因为重大法律法令的修正事关国家秩序的维

---

① [日]大庭脩:《秦汉法制史研究》,徐世虹等译,第139页。
② 此表转引自[日]大庭脩:《秦汉法制史研究》,徐世虹等译,第139—140页。

持与发展，故一般会采用这两种方式进行。

在汉代皇帝制诏研究方面，日本学者大庭脩先生创获甚多。他认为，汉代皇帝的制诏大致分以下三种形式：第一种形式，就是依据皇帝的自身意志而单方面发出的命令，这是最重要的命令，采用制书的形式。第二种形式，是官吏在被授予的权限内，为履行自己的职责而建言献策，其建议经皇帝认可后作为皇帝的命令颁布。第三种形式，是皇帝出于自身意志而下达了命令，但命令的对象是部分特定的官僚，这些特定的官僚需要就此作出回答。从内容上看，一种是皇帝就政策向官僚征询意见，在采纳了某种意见后，或再度下令，或就此同意这一意见而作为命令，其结局可归为第一种或第二种形式。还有一种，就是目标指向政策大纲或皇帝的意志，但实现这一目标的具体立法则委托给官吏实施，这就是需要特别指出的第三种形式。① 他认为，有资格被编入令集的是第三种形式的制诏。那么，编入为"令"的内容是哪些呢？是制诏的全部吗？他觉得不是全部，而是其中主要的部分。为了说明问题，我们不妨把大庭先生重点分析的汉文帝"废肉刑诏"引用如下：

　　A 即位十三年，齐太仓令淳于公有罪当刑，诏狱逮系长安。淳于公无男，有五女，当行会逮，骂其女曰："生子不生男，缓急非有益。"其少女缇萦，自伤悲泣，乃随其父至长安，上书曰：

　　B "妾父为吏，齐中皆称其廉平，今坐法当刑。妾伤夫死者不可复生，刑者不可复属，虽后欲改过自新，其道亡繇也。妾愿没入为官婢，以赎父刑罪，使得自新。"

　　C 书奏天子，天子怜悲其意，遂下令曰：

　　D "制诏御史：盖闻有虞氏之时，画衣冠异章服以为僇，而民弗犯，何治之至也。今法有肉刑三，而奸不止，其咎安在？非乃朕德之薄，而教

---

① [日]大庭脩：《秦汉法制史研究》，徐世虹等译，第144—147页。行文所限，不可能把大庭脩先生精彩的论述过程详细抄录。

不明与！吾甚自愧。故夫训道不纯而愚民陷焉。《诗》曰：'恺弟君子，民之父母。'今人有过，教未施而刑已加焉，或欲改行为善，而道亡繇至，朕甚怜之。夫刑至断支体，刻肌肤，终身不息，何其刑之痛而不德也！岂称为民父母之意哉？其除肉刑，有以易之；及令罪人各以轻重，不亡逃，有年而免。具为令。"

E 丞相张苍、御史大夫冯敬奏言："肉刑所以禁奸，所由来者久矣。陛下下明诏，怜万民之一有过被刑者终身不息，及罪人欲改行为善而道亡繇至，于盛德，臣等所不及也。臣谨议，请定律曰：诸当髡①者，完为城旦舂。当黥者，髡钳为城旦舂。当劓者，笞三百。当斩左止者，笞五百。当斩右止，及杀人先自告，及吏坐受赇枉法，守县官财物而即盗之，已论命复有笞罪者，皆弃市。罪人狱已决，完为城旦舂，满三岁为鬼薪白粲。鬼薪白粲一岁，为隶臣妾。隶臣妾一岁，免为庶人。隶臣妾满二岁，为司寇。司寇一岁，及作如司寇二岁，皆免为庶人。其亡逃及有罪耐以上，不用此令。前令之刑城旦舂岁而非禁锢者，如完为城旦舂岁数以免。臣昧死请。"

F 制曰："可。"②

他认为，这一命令在公布时，是将 D、E、F 作为一个完整命令公布的，因此以 D、E、F 为上文说到的制诏的第三种形式。不过，我国古人在引用律条与书说的时候，未必会完全忠实于原文。像《史记·孝文本纪》在言及废止肉刑之事时就仅引用了文中 D 部分的内容。

这种制诏体例是不是汉代的创制，大庭脩先生未提。笔者考察秦代史籍，认为很可能是秦代开创了这一文书范式，汉代只是承秦制而已。我们不妨来看一下《史记·秦始皇本纪》里面提到的三个令的颁行情况。

秦始皇初并天下后，即令臣下们议尊号：

---

① 大庭脩原著即如此。"髡"，《汉书·刑法志》为"完"。
② ［日］大庭脩：《秦汉法制史研究》，徐世虹等译，第147—148页。

A 令丞相、御史曰："……寡人以眇眇之身，兴兵诛暴乱，赖宗庙之灵，六王咸伏其辜，天下大定。今名号不更，无以称成功，传后世。其议帝号。"

　　B 丞相绾、御史大夫劫、廷尉斯等皆曰："昔者五帝地方千里，其外侯服夷服诸侯或朝或否，天子不能制。今陛下兴义兵，诛残贼，平定天下，海内为郡县，法令由一统，自上古以来未尝有，五帝所不及。臣等谨与博士议曰：'古有天皇，有地皇，有泰皇，泰皇最贵。'臣等昧死上尊号，王为'泰皇'。命为'制'，令为'诏'，天子自称曰'朕'。"王曰："去'泰'，著'皇'，采上古'帝'位号，号曰'皇帝'。他如议。"

　　C 制曰："可。"①

秦王嬴政制颁此"令"后，才真正成了皇帝，完成了由"王言"到"制诏"的转变。这显然是大庭脩先生说的制诏第三种形式的鼻祖。

接着，秦始皇又下制曰：

　　朕闻太古有号毋谥，中古有号，死而以行为谥。如此，则子议父，臣议君也，甚无谓，朕弗取焉。自今已来，除谥法。朕为始皇帝。后世以计数，二世三世至于万世，传之无穷。②

这显然是大庭脩先生所说的制诏的第一种形式的嚆矢。

后来，大臣们因国家大政方针是应该崇古还是好今而致廷争。丞相李斯乘机上言："……今天下已定，法令出一，百姓当家则力农工，士则学习法令辟禁。今诸生不师今而学古，以非当世，惑乱黔首。"③

　　A 丞相臣斯昧死言："古者天下散乱，莫之能一，是以诸侯并作，语皆道古以害今，饰虚言以乱实，人善其所私学，以非上之所建立。……

---

① 《史记》卷6《秦始皇本纪》，第235—236页。
② 《史记》卷6《秦始皇本纪》，第236页。
③ 《史记》卷6《秦始皇本纪》，第255页。

臣请史官非秦记皆烧之。非博士官所职，天下敢有藏《诗》、《书》、百家语者，悉诣守、尉杂烧之。有敢偶语《诗》《书》者弃市。以古非今者族。吏见知不举者与同罪。令下三十日不烧，黥为城旦。所不去者，医药卜筮种树之书。若欲有学法令，以吏为师。"

B 制曰："可。"①

这就是著名的"焚书令"，似乎又是大庭脩先生所说制诏的第二种形式的滥觞。

如此看来，可能早在秦代，已经开始了对皇帝制诏的整理、编纂工作，只是由于秦朝存在时间很短且典籍被毁灭而无存，我们可资研究的资料太少，故难以进行深入的探研。不知随着秦汉出土简牍的增多，这种局面会否改观，只能拭目以待众多出土的秦、汉简牍能够早日公布，供学术界广泛参考使用，推进该领域的研究工作。

大庭脩先生的上述理论，在"张家山汉简"中也得到了很好的验证。"张家山汉简"中所见的汉律直接体现的就是立法后的文本。而唯一的"令"——《津关令》则非，文后一般都还附有皇帝的"制曰：'可'"，跟后世令典中的令的形式尚不同。如：

□、相国上中大夫书，请中大夫谒者、郎中、执盾、执戟家在关外者，买私买马关中。有县官致上中大夫、郎中，中大夫、郎中为书告津关，来，复传，五〇四 津关谨阅出入。马当复入不入，以令论。·相国、御史以闻，·制曰：可。五〇五

十六、相国上长沙丞相书言，长沙地卑湿，不宜马，置缺不备一驷，未有传马，请得买马十，给置传，以为恒。·相国、御史以闻，请五一六 许给买马。·制曰：可。五一七

下面这条令因为后半部分缺简致使整条令文缺少了一些关键性文字，而"制"后所缺的文字中，依照文例，必定应该有一个"可"字。

---

① 《史记》卷6《秦始皇本纪》，第255页。

廿一、丞相上长信詹事书，请汤沐邑在诸侯，属长信詹事者，得买骑、轻车、吏乘、置传马关中，比关外县。丞相、御史以闻，·制（注云以下缺简）五一九①

纵览秦汉诏令中的"令丞相、御史"，"制诏丞相、御史"等用语，我们不由地想到了"睡虎地秦简"中提到的魏"户律"与"奔命律"，它们的开头用语是"告相邦"。不知"告""制诏""令"这三个词汇间是否存在相承性呢？

而历览典籍，我们发现，后世仍然常见类似秦汉之制诏被编入法典的例子：

《唐会要》卷八十八《杂录》及《册府元龟》卷一百五十九《帝王部·革弊》所载，唐代后期的利息限制法制定过程如下：

开元……十六年二月癸未，诏曰：比来公私举放，取利颇深，有损贫下，事须厘革。自今已后，天下私举质宜四分收利，官本五分收利。②

而此诏随即被编入开元二十五年格。《宋刑统》卷二十六记载：

户部格敕：天下私举质，宜四分收利，官本五分生利。③

被编写入"格"以后，诏令的文字自然会做些修正，以使之更简练、中性。这种编纂的方法显然是沿袭秦汉时期已经成型的做法。近年来，杨一凡师考证发现，明代官修史书《明实录》记述的朝廷立法活动，就有460多件是皇帝钦准"著为令"后颁行的。④这就说明，"著为令"这种制令模式至明

---

① 以上所引"张家山汉简"条文，皆见于张家山二四七号汉墓竹简整理小组编著：《张家山汉墓竹简（二四七号墓）》（释文修订本），北京：文物出版社，2006年，第85、87页。简文中的数字皆是汉简的编号，黑点是原文中用于分条分段的标识。

② （宋）王溥：《唐会要》，北京：中华书局，1955年，第1618页；（宋）王钦若等编纂，周勋初等校订：《册府元龟》卷159，南京：凤凰出版社，2006年，第1775页。

③ （宋）窦仪等撰，吴翊如点校：《宋刑统》，北京：中华书局，1984年，第413页。

④ 杨一凡：《明代典例法律体系的确立与令的变迁——"律例法律体系"说、"无令"说修正》，《华东政法大学学报》2017年第1期，第9页。

代依然通行。

三、秦汉令的性质

在秦汉令的研究方面，焦点基本集中在以下几个问题：秦汉时有无令典，挈令的形态与性质究竟如何，干支令、挈令、事项令的关系如何，令分甲乙丙的标准为何，对秦汉令的法律地位应当如何判断等。[1]关于这些问题，一则由于笔者学力有限，更因非本书论述所必须，故不欲深入展开，仅将与本书相关者，简述如下。

（一）秦汉无令典

在运用传世文献对秦汉令问题进行研究上，日本学者中田薰先生的观点最具代表性。他对汉令进行了全面的考察，得出的结论是：令典分甲乙丙篇，各篇下排列按事项而称为某令（如祠令、斋令、胎养令、养老令、篆令等）的条文；令典是在前帝去世后，将前帝诏令依据事情轻重而分纂为甲乙丙诸篇的诏令集；令典亦具有刑法的性质，是补充刑法典的副法；带有著令用语的前帝诏令被追加编入令典带有干支令的各篇之中，其结果是各篇内容逐渐增多，遂有第一、第二之分；伴随着令典内容的增多，其部分分化为独立的特别令书，挈令即为其一（挈令是官吏所集录的与自己职务相关的诏令并可以携带的"令集板"）；令典的部分内容又分化为单行律令（如金布令——金布律）。[2]从他的观点来看，他是主张汉代有令典的，且认为汉令不同于后代令典，也是刑事性法规；令增多遂分甲乙丙篇来分别编纂，甲乙丙以下又有事项令之别，亦有单列的特别令——挈令。笔者认为，他的观点确实如徐世虹

---

[1] 徐世虹：《百年回顾：出土法律文献与秦汉令研究》，《上海师范大学学报（哲学社会科学版）》2011年第5期，第69页。

[2] [日]中田薰：《法制史论集》第4卷（补遗），东京：岩波书店，1964年，第75—76、77—78、198、193、199页。

先生所言，使汉令研究迈上了一大台阶，让学者们开始注意到对这些问题进行研究的着力点应该放在哪里。可是，针对每个具体问题，他似乎都未能尽如人意地合理解决：他未能合理解决干支令、挈令与事项令的定义及相互间的差别问题；对于三者间关系的阐释也不尽如人意；更主要地，他所认可的汉代有令典的观点应该是难以成立的。

之后，日本学者滋贺秀三、大庭脩、冨谷至等先生先后对这些问题阐述了自己的观点，基本倾向于秦汉无令典说。笔者非常认可此观点。近年来，日本学者广濑薰雄先生在《秦汉律令研究》①一书中也指出，秦令是存在的，只是并非法典意义上的"令"。无论律还是令，在汉代以前都不存在法典，但秦代存在律与令，研究秦汉律令应当在当时律、令不存在法典的前提下讨论其存在形态。秦令是秦王的单行之令，秦帝国时改称为"诏"；汉令是皇帝的单行令"诏"，其传承于改令为诏的秦制，秦汉令的形式、制定程序完全相同。②笔者赞同他的观点。

可能有学者会说，汉代不是也有令的编纂活动吗，否则挈令、干支令及"张家山汉简"的《津关令》等如何解释呢？笔者觉得是否可以这样来解释：秦汉时一直存在令的整理甚至编纂的工作，这是事实，无可争议。但很多令仅是律的追加法的地位与性质一天得不到改变，被整理或编纂的令集就不是异质于律的独立、封闭的另一种法律形式。那么，随着时间的推移，可能有的"令"被编纂到律中去了，又有新制定的令被整理进来。一个随时敞开着大门的令集能叫令典吗？何况，这些令许多直接就是刑事性的或者尚附带有罚则的。即便就是敞开着的令集，还不止存在一部，干支令、挈令、事项令等并驾齐驱。这么纷繁复杂，怎么能说汉代已有令典了呢？

其实，我们注意一下秦汉文书的载体竹简的编联情况，再拿出土文献中所见的秦、汉律令文本跟后世律令文本相比对，较容易地就能得出秦、汉无

---

① [日]广濑薰雄：《秦汉律令研究》，东京：汲古书院，2010年。
② 转引自徐世虹：《百年回顾：出土法律文献与秦汉令研究》，《上海师范大学学报（哲学社会科学版）》2011年第5期，第73页。

法典的结论。① "睡虎地秦简"等秦简与"张家山汉简"等汉简,律的篇目都是单篇法令的集结,可能律令简牍平时就是以这种形式存档或行用的。可以想象的是,即使汉初的律令,主要为采撷秦律令而来,但肯定量也会很多,加之本朝也在不断地制颁新的律令。时间久了,事项多了,数量必定也会与日俱增。那么,系统整理律令就需要很大数量的竹简,若是拆开来重新同类编联的话,一则工作量很大,二则使用与存放时间久的竹简在拆装过程中易于受损,若废弃旧简而重新启用新简誊写,汉律令有360余篇、几百万字之巨,需要多少新的竹简与人力,又要耗时多久才能完成如此浩大的工程。而至魏晋之际就不同了,之所以敢于启动这一工程,固然是改朝换代、改正朔、定制度之需要,是否也是新的誊写媒介出现的结果,这就是纸的发现与使用。②固然,旧的书写材料并没有立即被新材料所淘汰,简牍还继续通行了三个世纪,而缣帛则继续被采用了500余年。人类的保守性,总是偏向于传统的习惯,不仅因为他们熟习这些传统的方法,且因这些方法也常有许多优点胜于新的发明。③

(二)干支令、挈令与事项令之关系

日本学者普遍认为干支令、挈令与事项令之间存在逻辑上的递进关系。而杨振红先生则认为,《二年律令·津关令》就是以具体事项命名的令篇,干支、挈令、事项令应当是并列的关系,其经分类、编辑而形成的诏令集就是

---

① 律典也应该是不存在的,我们看"秦简"与"汉简",律或令都仅仅是单篇的集结,不知是否穷尽了当时所有的律令。它们跟后世系统化、周密封闭的律典肯定不能同日而语。但是,秦汉律令走向魏晋律令之途,是量变之后导致的质变,绝非突发事件。魏晋律令领域所发生的划时代事件在汉代应该早已有苗头闪现。即使国家没有颁布过所谓《九章律》之类的法典,但这种也许仅仅是司法部门的官吏为便于使用而集结的律文简本或用于律学教授的私人教材,其编写之体例显然影响到后世法典的编纂工作;正像理想化的《周礼》固然不是西周实际存在的官僚制度,但它对后世官僚制度产生的影响可能比西周实际运行过的制度还要大。我们没必要纠缠于官方是否真正制定过《九章律》,并因之来肯定或否定《九章律》对后世的影响问题。这已属两个不同的问题,恰如真书与伪书各有其价值一样。

② [日]冨谷至:《通往晋泰始律令之路(Ⅱ):魏晋的律与令》,朱腾译、徐世虹校,载杨一凡、朱腾主编:《历代令考》(上),第238—242页。

③ 钱存训编著:《书于竹帛——中国古代的文字记录》,上海:上海书店,2004年,第159页。

令典。①笔者不太认可杨先生的观点，我们看干支令、挈令与事项令的内容，发现有不少是相类似甚或雷同的。若是就这样把它们编纂在一起的话，错乱无章姑且不说，还显得叠床架屋，绝不能被称为"令典"。

李均明、刘军两先生认为挈令是中央机关及地方根据需要从国家法令中编录的部分。②大庭脩先生认同李均明等的见解，指出挈令是"为适应需要而被分别编入御史府或天子兰台的令"，其并不是最初立法的对象。③上述见解对挈令研究有较大的影响，"集录与职务相关"，"仅用于一个官署、地区"，"从国家法令中编录"，成为理解挈令的导向性特征。④

笔者认为干支令就是一种整理、编纂令条时所采用的简单分类法，至于其分类标准为何，至今尚无定论。继之以挈令，从今天可见的挈令我们发现，它们是政府机关出于使用便利而对令条采取的一种编纂方法，未必就是令的一种分类。而事项令的出现原因，可能则是总结、归纳方法使用的结果，并非早在下诏制令之时已有此想法，而是经过一段时间以后，发现相类的令条不少，因此就有集结在一起的必要，肯定也是出于便利、实用的结果。因此，事项令也未必就是早已有的令的分类方法。所以，笔者认为，干支令、挈令、事项令应该都不是令的分类，而是令被制定多了以后，需要整理以便于使用的编纂方法。

（三）秦汉令与律之关系

《晋书·刑法志》说，汉朝的法律有律60篇与令甲以下300篇的区分。不少学者对此持怀疑态度，笔者反倒觉得，这种说法有一定的道理。汉代的律、令应该已有必要的区分，令的相当一部分是对律的补充，还有一部分已

---

① 杨振红：《出土简牍与秦汉社会》，桂林：广西师范大学出版社，2009年，第79—80页。
② 李均明、刘军：《武威旱滩坡出土汉简考述》，《文物》1993年第10期，第39页。
③ [日]大庭脩：《武威旱滩坡出土的王杖简》，《史泉》第82号，1995年7月，第12—13页。转引自徐世虹：《百年回顾：出土法律文献与秦汉令研究》，《上海师范大学学报（哲学社会科学版）》2011年第5期，第75页。
④ 徐世虹：《百年回顾：出土法律文献与秦汉令研究》，《上海师范大学学报（哲学社会科学版）》2011年第5期，第75页。

是政令性法规。但是，不论哪种形式，一般都还附有罚则。这一特征正是后人觉得汉代律令不分的主要原因所在。其实，按后人的眼光来看，自然是律令不分；但对汉人而言，很多令后附有罚则，这是再正常不过的事。其实，即使后世的一些令条，其内容与相关联的秦汉令条依然存在明显的继承性。

我们先来看汉令的内容：

一、御史言，越塞阑关，论未有□，请阑出入塞之津关，黥为城旦舂；越塞，斩左止（趾）为城旦；吏卒主者弗得，赎耐；令、四八八丞、令史罚金四两。智（知）其请（情）而出入之，及假予人符传，令以阑出入者，与同罪。非其所□为□而擅为传出入津关，以□四八九传令阑令论，及所为传者。县邑传塞，及备塞都尉、关吏、官属、军吏卒乘塞者□其□□□□日□□牧□□四九〇塞邮、门亭行书者得以符出入。•制曰：可。四九一（《二年律令•津关令》）

□、制诏御史，其令诸关，禁毋出私金器□。其以金器入者，关谨籍书，出复以阅，出之。籍器，饰及所服者不用此令。四九三（《二年律令•津关令》）①

再来看晋令、唐令的相关规定：

诸渡关及乘船筏上下经津者，皆有所写一通，付关吏。（《御览》五百九十八，引晋令。）②

诸关及至缘边诸州兴易，其锦、绣、织成，亦不得将过岭外，金银不得将过越巂（嶲）道。如有缘身衣服，不在禁例。其西边、北边诸关外户口须作衣服者，申牒官司，计其口数斟量，听于内地市取，仍牒关勘过。（宋《天圣令》引唐令）③

---

① 张家山二四七号汉墓竹简整理小组编著：《张家山汉墓竹简（二四七号墓）》（释文修订本），第83、84页。
②（宋）李昉等撰：《太平御览》卷598，北京：中华书局，1960年，第2695页。
③ 天一阁博物馆、中国社会科学院历史研究所天圣令整理课题组校证：《天一阁藏明钞本天圣令校证》，北京：中华书局，2006年，第309页。

虽然，每部法律的出台都跟其时代有紧密的联系，但不论哪个时代，性质类似的法律，都有其调整对象的相似甚或相同性，也许会在内容方面有所差异，但是其主旨却很相像。由此，我们可以很容易地看出它们之间的相承性。只是后世的令经过新的律学理论的洗礼以后，变得没有了罚则而已。即使如此，后世令典的相当部分仍然可以看到是律的补充法的痕迹：很多方面律已做了规定，令不过是在细化这些规定而已；秦汉之时，被违反之令会直接拿附带的罚则来予以处罚，魏晋以后，"违令有罪则入律"，违令罪重者已由律来统一处罚了。"张家山汉简"发现有汉律二十七种，冨谷至认为它们只是"权宜性地汇集和收录了吕后二年时期的法规，它不能被视为编纂而成的法典，'二年律令'亦非具有普遍性的法典名称"①。此论甚当。尤其是"法规"二字道出了"二年律令"的实质，它就是吕后二年②法律法规的一个集子，至于说集子是国家法定的还是地方司法官员为了便利而自己编辑的，难以定论。更甚者，像汉代的"酎金律""左官律"等"律"，其实跟"见知故纵法"的"法"一样，都是泛称，而且，很可能是后人给它加的名字。它们绝非律典的一部分，而仅是一条或一些法令而已。由此看出来的问题是：起码在汉代，法、律、令字义还没有严格地区分，律令分野不可能出现。

可能汉代律令之间的分别不是那么明晰，或者说律有时特指主要的法规，更多时候指法律的全部，比令的使用要普遍；令则指法令，指单行法，被用来指称皇帝颁布的诏令时为多。如汉文帝废肉刑诏：

> 丞相张苍、御史大夫冯敬奏言："肉刑所以禁奸，所由来者久矣。陛下下明诏，怜万民之一有过被刑者终身不息……于盛德，臣等所不及也。臣谨议请定律曰：诸当完者，完为城旦舂；当黥者，髡钳为城旦舂；当劓者，笞三百；当斩左止者，笞五百；当斩右止，及杀人先自告，及吏坐受

---

① [日]冨谷至：《通往晋泰始律令之路（Ⅰ）：秦汉的律与令》，朱腾译、徐世虹校，杨一凡、朱腾主编：《历代令考》（上），第114—115页。
② "二年律令"到底是高祖二年、惠帝二年还是高后二年，学术界尚分歧难定。

赇枉法，守县官财物而即盗之，已论命复有笞罪者，皆弃市。罪人狱已决，完为城旦舂，满三岁为鬼薪白粲。鬼薪白粲一岁，为隶臣妾。隶臣妾一岁，免为庶人。隶臣妾满二岁，为司寇。司寇一岁，及作如司寇二岁，皆免为庶人。其亡逃及有罪耐以上，不用此**令**。前令之刑城旦舂岁而非禁锢者，如完为城旦舂岁数以免。臣昧死请。"①

上文中一处说是"定律"，下一处又说是"不用此令"，还有"前令"。律令不分，混用明显。必须要注意的是，这条"令"在汉代入于"令甲"②之中，但是一对比《唐律》，我们就会知道，具体刑罚及其层级的规定是在律典的《名例律》中。故，大庭脩先生在沈家本观点基础上，认为此令应该是汉代《具律》的内容。③明明史书言之凿凿说是"令甲"之条，并没透露是《具律》之文的半点意思，何来这种结论？明显是后人的"后见之明"在作祟。估计该条真正变成总则性规定，怕是要到《魏新律》中的《刑名律》制定时才如此。

> 景帝元年，下诏曰："加笞与重罪无异，幸而不死，不可为人。其定**律**：笞五百曰三百，笞三百曰二百。"犹尚不全。至中六年，又下诏曰："加笞者，或至死而笞未毕，朕甚怜之。其减笞三百曰二百，笞二百曰一百。"又曰："笞者，所以教之也，其定箠**令**。"丞相刘舍、御史大夫卫绾请："笞者，箠长五尺，其本大一寸，其竹也，末薄半寸，皆平其节。当笞者笞臀。毋得更人，毕一罪乃更人。"自是笞者得全，然酷吏犹以为威。④

《后汉书·章帝纪》载其下诏曰：

> 《律》云："掠者唯得榜、笞、立。"又《令丙》，箠长短有数。⑤

---

① 《汉书》卷23《刑法志》，第1099页。
② 《汉书·宣帝纪》载："令甲，死者不可生，刑者不可息。"（第252页）
③ 详见[日]大庭脩：《秦汉法制史研究》，徐世虹等译，第155页。
④ 《汉书·刑法志》，第1100页。
⑤ 《后汉书》卷3《肃宗孝章帝纪》，北京：中华书局，1965年，第146页。

很显然,"箠令"是被放在《令丙》之中的,可上述两处引文多次又说它是"律"的内容。据《北堂书钞》卷45《杖刑》引《晋令》曰:"杖皆用荆,长六尺,制杖大头围一寸,尾三分半。"①这条"晋令"应与上述汉代的"箠令"有相承关系,而查《晋令》篇目,应该属于《鞭杖令》的范围。

从上举诸多例证,我们可知,汉代的律、令区别尚不严格,但应该已有大致粗略的区分。无论其区分法科学与否,这都已是不小的进步。至于它们之间进一步的区分与发展,就有待魏晋之功了。

---

① (唐)虞世南编撰:《北堂书钞》卷45,北京:中国书店,1989年,第125页。

第二章 魏晋令的制定及其流变

第一节 魏晋令的制定

一、魏令制定的背景

在考察魏律令制定之前，有必要先来梳理一下从汉至晋的律令修订史——为了明了一个事实：正是因为西汉王朝后期律令繁杂、混乱难分的局面，才有了厘定律令、明晰二者差异、精简二者内容的需求与必要。律令驳杂的局面可能早在汉景帝时已经有所显现，汉承秦制，律令更革较少，中经"文景刑制"改革。之后，旧刑与新罚配合不力，新的问题又层出不穷，法令势必会时有更新，导致烦杂混乱在所难免。尤其到了武帝末年，穷兵黩武，民怨沸腾，为了约束臣民，不得不制定不少应急的律令，使得律令混乱的窘态日益凸显。①律令亟需整理，以便于司法实务。但是，后继的皇帝因种种原因，都没能完成该项工作。法律形式之驳杂与法律数量之累积致使司法实践领域更加混乱不堪："奸吏因缘为市，所欲活则傅生议，所欲陷则予死比。"②昭帝时桓宽在《盐铁论·刑德》中记载文学之士批评法政时亦言："方今律令百③

---

① 《汉书·刑法志》载："孝武即位……百姓贫耗，穷民犯法，酷吏击断，奸轨不胜。于是招进张汤、赵禹之属，条定法令……其后奸猾巧法，转相比况，禁罔寖密。律令凡三百五十九章，大辟四百九条，千八百八十二事，死罪决事比万三千四百七十二事。文书盈于几阁，典者不能遍睹。"（第1101页）
② 《汉书·刑法志》，第1101页。
③ 王利器指出，此处"百"前可能少了"三"字，如此方能跟《晋书·刑法志》说到的汉律三百多篇的记载相符。见王利器校注：《盐铁论校注》（定本），北京：中华书局，1992年，第570—571页注17。

有余篇，文章繁，罪名重，郡国用之疑惑，或浅或深，自吏明习者，不知所处，而况愚民！律令尘蠹于栈阁，吏不能遍睹，而况于愚民乎！"①法律内容需要去粗存精，法律形式之间亟需彻底地梳理，律令不分的局面亟待解决。可汉宣帝时也仅是小修小补而已——置"廷平"②一职，仍是治标不治本。因此，涿郡太守郑昌上疏谏言其非："今明主躬垂明听，虽不置廷平，狱将自正；若开后嗣，不若删定律令。律令一定，愚民知所避，奸吏无所弄矣。今不正其本，而置廷平以理其末也。"元帝时也看到了此问题的严重性，下诏："夫法令者，所以抑暴扶弱，欲其难犯而易避也。今律令烦多而不约……其议律令可蠲除轻减者，条奏。"成帝时亦下诏："律令烦多，百有余万言，奇请它比，日以益滋……其与中二千石、二千石、博士及明习律令者议减死刑及可蠲除约省者，令较然易知，条奏。"③终西汉之世，时事所迫，便行之令时有下颁，通盘整理律令关系之事却无从谈起。

东汉之初，朝廷所急在于收拾人心，休养生息。虽有梁统上言律令之不便时，朝廷以"隆刑峻法，非明王急务，不可开许"④为辞作罢。东汉时清醒认识到律令烦杂问题的大臣首推陈宠。《后汉书·陈宠传》载：永元六年，宠又代郭躬为廷尉，复校律令。上疏曰："汉兴以来，三百二年，宪令稍增，科条无限。又律有三⑤家，说各驳异。刑法繁多，宜令三公、廷尉集平律令，应经合义可施行者，大辟二百，耐罪、赎罪二千八百，合为三千，与礼相应。其余千九百八十九事，悉可详除。"⑥他提出的修律指导思想竟然是"应经合

---

① 王利器校注：《盐铁论校注》（定本），第566页。
② 《汉书·刑法志》："廷平，秩六百石，员四人。"
③ 《汉书》卷23《刑法志》，第1102—1103页。
④ 《晋书·刑法志》，第919页。
⑤ 俞荣根、龙大轩两位先生曾撰《东汉"律三家"考析》一文（载于《法学研究》2007年第2期），认为"律三家"指的是"郭躬、陈宠与杜林"。笔者认为，"律三家"的名词是陈宠首先提出来的，还把他自己置于其中？这违乎常情。此外，从陈宠上疏的语气，我们也能体会到，"律三家"应该是个早已形成的概念，那么，郭躬是陈宠同时代的人，陈宠代替他任廷尉，似乎也不可能是"律三家"中的一位。而且，笔者觉得，此处"三"更可能是概指，大可不必大费周章地非找出"律三家"到底是哪三个人。
⑥ 《晋书·刑法志》引用了《后汉书·陈宠传》的记载。(《后汉书》卷46，第1554页，内容与引文略有不同；《晋书》卷30，第920页。)

义",囿于儒教经典的说教,并不能真正解决问题。至献帝时,律令仍然繁芜,应劭又删定律令,自己整理董卓乱后剩余的典籍,成"《律本章句》、《尚书旧事》、《廷尉板令》、《决事比例》、《司徒都目》、《五曹诏书》及《春秋折狱》,凡二百五十篇"①,其最重要的功绩就是蠲去了汉律令中的复重,并为之节文,厥功至伟。

汉末曹操当政时期,曹操让群臣议复肉刑,反对者有之,赞同者更多,但最终曹操未敢恢复肉刑,只好变通地制定了"甲子科",规定"犯钦左右趾者易以木械,是时乏铁,故易以木焉",弥补了汉文景刑制改革以来刑制混乱的问题;"又嫌汉律太重,故令依(汉)律论者听得科半"②,从而减轻了刑罚。是时承用秦汉旧律,汉律"六十篇。又汉时决事,集为《令甲》以下三百余篇,及司徒鲍公撰嫁娶辞讼决为《法比都目》,凡九百六卷"③。这些法令"错糅无常。后人生意,各为章句。叔孙宣、郭令卿、马融、郑玄诸儒章句十有余家,家数十万言。凡断罪所当由用者,合二万六千二百七十二条,七百七十三万二千二百余言"。于是,在新律令制定出来之前,魏明帝曹叡不得不下令"但用郑氏章句,不得杂用余家"④。曹叡还曾下令设置律博士⑤,以便于法律

---

① 《后汉书·应劭传》,第1612—1613页,为《春秋断狱》;又见《晋书·刑法志》,第920—921页。
② 《晋书·刑法志》,第922页。
③ 《晋书·刑法志》,第922—923页。由于"睡虎地秦墓竹简""岳麓书院藏秦简""张家山汉墓竹简"等简牍资料的出土,学术界对于秦汉律令问题有了全新的解读,一般认为秦、汉初的律令不像《晋书·刑法志》说的那样简单。《法经》《九章律》等说法受到质疑。详见前引张忠炜《秦汉律令法系研究初编·律令篇》第一节"秦汉律的编纂"部分的介绍评析。(第77—97页。)此处只是引《晋书·刑法志》之文来说明当时律令的烦杂,其说之真伪与否非此处所当究,故径引之。
④ 《晋书·刑法志》,第923页。
⑤ 《三国志·魏书·卫觊传》,第611页。沈家本《寄簃文存》中有《设律博士议》一文,指出曹魏设律博士,正说明律学不昌。(清)沈家本:《寄簃文存》,北京:商务印书馆,2015年,第35—37页。邢义田《秦汉的律令学——兼论曹魏律博士的出现》一文进一步申论之,以为"东汉以降,豪门世族势力膨胀,政治贵族化,仕宦渐重身份而轻实务。实务所寄之律令,高门世族不屑一为。经与律学遂渐分,儒生与文吏亦成两橛。……律学确实逐渐沦为寒门的技艺","曹魏以降律博士的设立,不过是律学在没落中的挣扎罢了"。(邢义田:《治国安邦:法制、行政与军事》,北京:中华书局,2011年,第61页)历代律博士地位很低,苏轼更有"读书万卷不读律,致君尧舜终无术"之讽。直至元代废置。而律学对政局之重要性,正如卫觊所言:"百里长吏,皆宜知律。刑法者,国家之所贵重,而私议之所轻贱;狱吏者,百姓之所县命,而选用者之所卑下。"儒家的虚文在历代儒士的煽动下,排斥了法家之精髓,遂使司法受儒家礼教之扰变得难以实践。

之学的转相教授。而曹叡更大的功绩还在于下诏陈群等人"删约旧科,傍采汉律,定为魏法,制《新律》十八篇,《州郡令》四十五篇,《尚书官令》《军中令》,合百八十余篇",结果是"于正律九篇为增,于旁章科令为省矣"。①讲此话的前提是,作为那次编纂事业的成果,律已被整理成齐整利落的十八篇。因此,在魏编纂新律以后,历史上不再存在所谓的单行律了。②从此,律令井然两分之势已成,律令条文简便,编纂体例可观,方便了司法实践。

在魏律令出台之前,还有一个小插曲,就是上文提到的诸儒的章句之学,也就是"律说"在司法实践中行用的问题。《晋书·刑法志》载:"汉承秦制,萧何定律……错糅无常。后人生意,各为章句。**叔孙**宣、**郭**令卿、**马**融、**郑**玄诸儒章句十有余家,家数十万言。"如此繁多的章句,怎么来使用呢?"天子于是下诏,但用**郑氏**章句,不得杂用余家。"后又言:"文帝(司马昭)为晋王,患前代律令本注烦杂,陈群、刘邵(即刘劭)虽经改革,而科网本密,又**叔孙、郭、马、杜**诸儒章句,但取**郑氏**,又为偏党,未可承用。"③

对于这两段引文,前人对"**叔孙、郭、马、杜**"中的"**杜**"的解释要么说是大杜(杜周),要么说是小杜(杜周儿子杜延年)。如邢义田《秦汉的律令学——兼论曹魏律博士的出现》一文提到:"叔孙指叔孙宣,郭为郭令卿,马为马融,郑氏为郑玄。杜疑指大杜或小杜章句。然大、小章句非必成于杜周、杜延年本人。传其学者,守师说而定章句也有可能。马王堆汉墓出土《相马经》也有训故及传,可见有汉一代之经学传习方式,或早有渊源。"④以此来论证经学传习方式固然,用来述说大、小杜律学章句之学是学经学的传习方式也没问题;只是,这些似乎都不是本题所应该关注的方向。其实,笔者认为,上述两段话的问题在于,仅因一字传抄之误,致使后人为之强作解;越说越繁,本身的问题没有解决,反而解决了一些相关甚或不相关的问题——比

---

① 《晋书·刑法志》,第923、925页。
② [日]滋贺秀三:《西汉文帝的刑法改革和曹魏新律十八篇篇目考》,姚荣涛、徐世虹译,刘俊文主编:《日本学者研究中国史论著选译》(第八卷:法律制度),北京:中华书局,1992年,第92页。
③ 《晋书》卷30《刑法志》,第922—923、927页。
④ 邢义田:《治国安邦:法制、行政与军事》,第43页注208。

如律令学的传习是学习经学的结果。哪一字之讹呢？就是"**叔孙、郭、马、杜**"中的"**杜**"应是"**郑**"之讹误。何以见得呢？原因如下：一、上两段话中，笔者标注着重号的几个姓中，唯有上文的"郑"变成了下文的"杜"，其他的都相互对应，完全契合。二、上文提到"但用郑氏章句"，下文亦说"又**叔孙、郭、马、杜**诸儒章句"，"但取郑氏，又为偏党"；而四人之中，有"杜"无"郑"，何来"但取郑氏"？故逻辑上也应该是误"郑"为"杜"。三、上文言"**叔孙**宣、**郭**令卿、**马**融、**郑**玄诸儒章句"，下文亦言"又**叔孙、郭、马、杜**诸儒章句，但取郑氏"，叔孙、郭，尤其是马、郑皆大儒，似乎没有人以杜周为儒生者。以此可证，"杜"亦应是"郑"之讹。四、就行文而言，"**叔孙、郭、马、杜**"应该是依他们存世时间先后而排序的，前三人都是东汉人士，不可能在他们的后面反而排列西汉杜周父子吧？而郑玄曾是马融的学生，这种排序自然是没问题的，故"杜"亦应是"郑"之讹。我们不凡列表作一比较，更能一目了然，见表2-1

表 2-1　汉末法四家上下文对照表

上文	叔孙宣、郭令卿、马融、郑玄	诸儒章句	但用郑氏章句
下文	叔孙、郭、马、杜	诸儒章句	但取郑氏

二、魏令的制定

我国的令产生比较早，但是在曹魏大规模制定法典之前，律令的分工并不明确，在众多出土的秦汉律令简牍中，似乎很难发现那时的律令分界点。而且，散见于《史记》《汉书》等史书中的《祠令》《任子令》《功令》《秩禄令》《田令》等及众多出土的法律简牍中的"令"，不一定意味着指作为令的法典的篇名。① 很显然，至今为止，仁井田陞先生质疑的方向依然是正确的。这种律令、政令混杂的局面到东汉末已经到积重难返的地步，大规模地修订

---

① ［日］仁井田陞原著：《唐令拾遗》，栗劲等编译，第804页。

法律并界分法律形式已经势在必行。

在一个纸还没普及使用的时代①，如此多的"断罪所当由用"的律（令），其载体全是竹简、木牍，办案时查阅之工作量相当大；若有疑难案件，则难度更甚。而对其进行整理、修订、眷录的工作量则更大。何况，这些部分尚且只是律（亦应包括令）及律（理应包括令）的章句，尚不包括非"断罪所当由用"的可能数量更大的政令性法规及其他法律。而曹魏众臣不畏艰辛，承担起了时代赋予他们的千斤重任。

《三国志·魏书·明帝纪》中并未记载魏明帝曹叡下诏修律令之具体时间。我们从记载此事最完备的《晋书·刑法志》中，得知参与其事者有司空陈群、散骑常侍刘邵②、给事黄门侍郎韩逊、议郎庾嶷、中郎黄休和荀诜等。③他们在"删约旧科，傍采汉律"的修律方针下制定魏法，最终制"《新律》④十八篇，《州郡令》四十五篇，《尚书官令》《军中令》，合百八十余篇"。

本次修律令始于太和三年（229 年），至青龙二年（234 年）还未完成，而陈群自黄初六年（225 年）至青龙四年（236 年）去世时一直"录尚书事"，为当权宰相，按惯例，应是修律令名义上的主持者，并非真正的主持人。故《三国志·魏书·陈群传》并未记载此事，只提及他曾创制"九品官人之法"的事迹。《三国志·魏书·卢毓传》言及魏律修定之事，仅提及刘劭一人，称"散骑常侍刘劭受诏定律，未就。（卢）毓上论古今科律之意，以为法宜一正，

---

① 纸的大量使用应该是东晋左右发生的事，但曹魏时诏书即用纸。详见[日]大庭脩：《木简在世界各国的使用与中国木简向纸的变化》，徐世虹译，中国文物研究所编：《出土文献研究》（第四辑），北京：中华书局，1998年，第4—11页。[日]冨谷至：《木简竹简述说的古代中国——书写材料的文化史》第六章"由汉到晋——由简牍到纸"，刘恒武译，黄留珠校，北京：人民出版社，2007年，第123—141页。
② 刘邵、刘劭乃一人。通说认为，实际主其事乃刘邵，陈群挂名总其责。
③ 《晋书·刑法志》，第923页。
④ 法史学界通说习惯于称曹魏律为《魏新律》或《新律》。其实，我们忖度《晋书·刑法志》的"秦汉旧律""删约旧科""旧律所难知者""旧律因秦《法经》""制《新律》十八篇"这些提法，不难发现，"新"是与"旧"对言的，未必有特别的意思。在当时，称《律》即可，不必特意冠以"新律"的名头；至于"魏律"或"曹魏律"的称法，更是后世为与其他朝代律相区别而为，曹魏时定不会自称"曹魏律"。若按通说的逻辑，那曹魏的令也应称为"魏新令"，事实并非如此。因此，《魏新律》应非曹魏时的称法。

不宜有两端，使奸吏得容情"①。"法宜一正，不宜有两端"不知是否指既已有科律又重修律令而言。若真如此，卢毓岂非对我们所说的汉末律令驳杂不分的状态与曹魏科律纷繁的困局，反而持肯定态度？照他的意思，魏明帝的修律行为，反倒成了"国将亡，必多制"的妄动了！因此，古代很多臣下的劝谏亦不能全以善言待之，俗儒之论多矣。刘劭本传言"征拜骑都尉，与议郎庾嶷、荀诜等定科令，作《新律》十八篇，著《律略论》。迁散骑常侍"②。这说明修定魏律令的实际负责人就是刘劭。而其本传所记与《晋书·刑法志》所载的出入之处在于，本传说刘劭在修律之前还是骑都尉，《晋书·刑法志》称其为散骑常侍。可能正是因为其修律之功，方才被升职为散骑常侍的。《晋书·刑法志》在说到晋律修定时也说："文帝为晋王，患前代律令本注烦杂，陈群、刘邵虽经改革，而科网本密"，也可看出刘邵在魏律修纂中的核心地位。至于其他修律者的事迹，韩逊，今已无迹可寻。庾嶷，乃东晋外戚颍川庾氏之元祖，庾氏之初入士林者。《三国志·魏书·管宁传附胡昭传》载："正始中，骠骑将军赵俨、尚书黄休……太仆庾嶷、弘农太守何桢等递荐昭。"③黄休的事迹仅见于此，事经多年，官职已由中郎升为某曹尚书。《晋书·庾峻传》言："（庾峻）伯父嶷，中正简素，仕魏为太仆。"④知道庾嶷在曹魏仕至太仆。荀诜，乃荀彧之子，知名，早卒。他的另外一个身份，还是陈群的小舅子。一位贵游子弟，得预此流，应是姐夫陈群提携回护所致；同时也说明，曹魏之时，参与修定律令，尚非南朝时被高门士族所鄙弃之职业。而所有的参与者中竟无一人是现任的司法官员，固然说明中国古代没有职业专门性这一说，官职在大多数情况下仅是一种晋升的台阶，古代的司法也仅是行政的组成部分而已。但在制定事关法官司法依据的律令时，从事该职业的人，比如时任廷尉高柔，反而成了旁观者，殊属可怪。

而刘劭在曹魏之时，是被当作极重要的法家来看待的，他还曾著有《法论》《人物志》等，并参与了曹丕编纂《皇览》的工作。夏侯渊之子夏侯惠称

---

① 《三国志》卷22《卢毓传》，第651页。
② 《三国志》卷21《刘劭传》，第618页。
③ 《三国志》卷11《胡昭传》，第362页。
④ 《晋书》卷50《庾峻传》，第1391页。

赞他"法理之士明其分数精比……制度之士贵其化略较要"①。而汉律的驳杂与东汉以来的浮华风气，极不利于曹魏政权诸项工作的开展。所用官员往往是"盛名之下，其实难副"②。"群僚举士者，或以顽鲁应茂才，以桀逆应至孝，以贪饕应廉吏，以狡猾应方正……名实不相副，求贡不相称。"③为了扫除汉末以来的这种积习，"魏之初霸，术兼名法，傅嘏王粲，校练名理"④，用循名责实⑤的方法来解决政治、伦理、法律等问题。面对汉代立法司法的混乱，魏初刑名学十分活跃。"魏武好法术，而天下贵刑名"⑥，不少思想家运用名实方法对法律问题发表见解，刘劭正是这些人的代表之一。他主张："法制之人以分数为度。"所谓分数，就是概念的逻辑关系。⑦刘劭还曾受令作《都官考课》七十二条，又作《说略》一篇⑧，就是考核官员的法令。⑨后世的北齐令中就有"都官"一目，至隋唐，被径称为"考课"，隋令中即有"考课"一篇。这正是刘劭为古代的官僚考课制度做出的贡献；也正是曹魏法制学习《周礼》及相关论著而提炼发挥进而对后世产生影响的又一显例。

正是在这种法律思想与立法者的主导之下，制定一套名副其实的新律令成为了制律者们着力的方向；而既然要名副其实，就必须扫除两汉的许多名不副实的律令，使律令外观与内涵相契合，"篇章之义"更加明朗。在此处之所以强调"篇章之义"，是因为"篇"等同于构成法典的编目，"章"等同于法规条文，这是毫无疑义的。循此立论，这里所说的"篇章之义"是指渗透于

---

① 《三国志·魏书·刘劭传》，第619页。
② 《后汉书·黄琼传》，第2032页。
③ （汉）王符著，（清）汪继培笺，彭铎校正：《潜夫论笺校正》卷2《考绩》，第68页。
④ （梁）刘勰著，范文澜注：《文心雕龙注》卷4《论说》，北京：人民文学出版社，1958年，第327页。
⑤ 《韩非子·定法》："术者，因任而授官，循名而责实，操杀生之柄，课群臣之能者也，此人主之所执也。"（清）王先慎撰，钟哲点校：《韩非子集解》，第397页。
⑥ 《晋书·傅玄传》，第1317页。
⑦ 王晓毅：《知人者智：〈人物志〉解读》，北京：中华书局，2008年，第26页。
⑧ 《三国志·魏书·卢毓传》载，卢毓为吏部尚书时，魏明帝十分反感那些浮华之士，为此下诏曰："选举莫取有名，名如画地作饼，不可啖也。"卢毓对曰："名不足以致异人，而可以得常士……今考绩之法废，而以毁誉相进退，故真伪浑杂，虚实相蒙。"明帝觉得他说得很有道理，于是下诏令刘劭"作考课法"。（第651—652页）
⑨ 《三国志·魏书·崔林传》载："散骑常侍刘劭作《考课论》，制下百僚。（崔）林议曰：'案《周官》考课，其文备矣，自康王以下，遂以陵迟，此即考课之法存乎其人也。'……"（第680页）

各篇顺序中的含义、理念，而"篇章之义"的有无之所以会变成一个问题，就是因为九章律、法经及魏律的篇章顺序固定，即所谓自身完结、拥有封闭体系的法典。①从此，律令真正分野，律成为专门的刑事法规，令为非刑事的、政制性的规范，并初步使事项令的称法成为可能。令从开放性的令集到封闭性的令典的发展这一划时代的事件是在曹魏时候就已发生了的，不能让西晋独享其荣。关于此点，后文还将申述之。

曹魏修定后的律令格局，从篇目名称来看，就基本奠定了律令分野的趋势。"断罪所当由用"的律（令）被整理为"十八篇"的规模，而非"断罪所当由用"的相当一部分被整理为令"二百二十五篇以上"。以两者的规模相比来反推东汉末的律令规模，可能比"断罪所当由用者，合二万六千二百七十二条，七百七十三万二千二百余言"②的规模更大！这样一想，曹魏"删约"之功，实属伟大。但由于史料缺失，曹魏修律令之功、区分律令界限之劳，基本被记在了西晋泰始时修律令的君臣头上。

我们从曹魏令的篇名《州郡令》《尚书官令》《军中令》明显看得出，曹魏的令分三部分：中央机关使用的显然是《尚书官令》，地方州郡及下属机构使用的是《州郡令》，军队及与军事行为相关者使用的则是《军中令》。整理并分类之理念很明显。这三者应是令的大类名称，之下应该还有二级令名。刘邵《魏律序略》中还曾提及过《邮驿令》《变事令》，亦应归于二级令，只不知其归属于一级令中的哪一令？还是三个一级令之外还有一些单行之令？但无论如何，律令有别、令独立编纂为典的大局已定，应无异议。

三、晋令的制定

司马昭篡夺之心昭然于天下后，开始大修律令为改朝换代做准备。③《晋

---

① [日]冨谷至：《通往晋泰始律令之路（Ⅰ）：秦汉的律与令》，朱腾译、徐世虹校，杨一凡、朱腾主编：《历代令考》（上），第112页。
② 《晋书》卷30《刑法志》对东汉末律令章句规模的描述。第923页。
③ 《晋书·贾充传》载贾充妻郭氏言："刊定律令，为佐命之功，我有其分。"（第1171页）可知刊定律令对新国家的重要性，而个人也因此成为大功臣。

书·刑法志》载:"令贾充定法律,令与太傅郑冲①、司徒荀𫖮、中书监荀勖②、中军将军羊祜、中护军王业、廷尉杜友、守河南尹杜预、散骑侍郎裴楷、颍川太守周雄、齐相郭颀、骑都尉成公绥、尚书郎柳轨及吏部令史荣邵③等十四人典其事。"进一步删定律令,最终"合二十篇,六百二十条④,二万七千六百五十七言。……其余未宜除者,若军事、田农、酤酒,未得皆从人心,权设其法,太平当除,故不入律,悉以为令。施行制度,以此设教,违令有罪则入律。其常事品式章程,各还其府,为故事。……凡律令合二千九百二十六条,十二万六千三百言,六十卷,故事三十卷⑤"⑥。

经过这次大规模的厘定,律令条文比之汉代精炼很多,律令分野最终完成。曾对晋律令做过注解的杜预说:"律以正罪名,令以存事制,两者相须为用",又说"凡令以教喻为宗,律以惩正为本"⑦,很清楚地说明了律令的区别。可以说是对晋代实现的律与令对等分工关系的断定。陈寅恪先生曾言:"律令性质本极近似,不过一偏于消极方面,一偏于积极方面而

---

① 《晋书·郑冲传》:"时文帝辅政,平蜀之后,命贾充、羊祜等分定礼仪、律令,皆先谘于冲,然后施行。"(第992页)

② 荀氏一门,在相隔不远的时间内,魏晋间两次参与修律的竟然有四人:荀诜与弟荀𫖮及荀勖、荀𪟝,可见荀氏门第之盛。

③ 《晋书·贾充传》在罗列修律参加者时,有"荀𪟝",无"荣邵"。据此,日本学者堀敏一指出,"荣邵"应是"荀𪟝"之讹。查《三国志·荀彧传》引《荀氏家传》载荀彧哥哥中有荀闳,荀闳从孙荀𪟝,"字景文,太子中庶子,亦知名,与贾充共定音律,又作《易集解》。""音律",应该是"晋律"错讹所致。详见堀敏一:《晋泰始律令的制定》,杨一凡总主编,[日]寺田浩明本编主编,冈野诚本卷主编:《中国法制史考证》丙编第二卷《日本学者考证中国法制史重要成果选译(魏晋南北朝隋唐卷)》,程维荣等本卷译者,第295页。

④ 笔者按:《通典》卷163、《通志》卷60、《文献通考》卷164都作"六百三十条";更奇怪的是,《唐六典》卷6"刑部郎中"条注则作"一千五百三十条"。晋律令早佚,疑《唐六典》注误引,前一种说法是对的。如此,晋律应为"六百三十条",晋令则为"二千二百九十六条"。

⑤ 《唐六典》详细罗列了晋律二十篇与晋令四十篇的篇目。可知,一卷即一篇。至于晋令的条数是2306条抑或2296条,因《通典》卷163、《通志》卷60、《文献通考》卷164都作"六百三十条",存疑。不过,从文献传抄的次序来揣度,《晋书》编纂时间最早,《通典》可能取材另有它途;而《通志》与《文献通考》摘录《通典》之迹明显。本书从《晋书·刑法志》之说。

⑥ 《晋书》卷30《刑法志》,第927页。

⑦ 此乃杜预奏事之言,出自《官位令集解》所引。转引自[日]堀敏一:《晋泰始律令的制定》,杨一凡总主编,[日]寺田浩明本编主编,冈野诚本卷主编:《中国法制史考证》丙编第二卷《日本学者考证中国法制史重要成果选译(魏晋南北朝隋唐卷)》,程维荣等本卷译者,第297页。

已。"①黄正建先生《〈天圣令〉中的律令格式敕》一文说:"从《令》与《律》的关系看,二者是两种各自独立的法律体系。《令》用于'断事';《律》用于'断罪'。在《令》中很少有'依律'如何处理的表现。在《律》中也很少有'依令'如何处理的条文。《律》《令》各有其发挥效力的范围,是唐代法律体系的主体。"②正可给杜预之言做注脚。至此,律令由秦汉时的混淆难清基本做到了截然有别。至唐代,"律以正刑定罪,令以设范立制,格以禁违正邪,式以轨物程事"③。或"唐之刑书有四,曰:律、令、格、式。令者,尊卑贵贱之等数,国家之制度也;格者,百官有司之所常行之事也;式者,其所常守之法也"④。区分更加明晰。晋律令的修定,自司马昭为晋王时即开始制定,前后耗时达4年。⑤

《晋书·刑法志》载,晋律令修订完之后,晋武帝特意下诏:"昔萧何以定律令受封,叔孙通制仪为奉常,赐金五百斤,弟子百人皆为郎。⑥夫立功立事,古今之所重,宜加禄赏,其详考差叙。""辄如诏简异弟子百人,随才品用,赏帛万余匹。"⑦高兴之情、封赏之景如在眼前。从东汉末年的众律令达几千万言,至泰始律令仅有十二万六千三百言,故事三十篇,律令故事之总

---

① 陈寅恪:《隋唐制度渊源略论稿》,第100页。
② 黄正建主编:《〈天圣令〉与唐宋制度研究》,北京:中国社会科学出版社,2011年,第45页。
③ (唐)李林甫等撰,陈仲夫点校:《唐六典·刑部郎中员外郎》,第185页。
④ 《新唐书·刑法志》,北京:中华书局,1975年,第1407页。
⑤ 司马昭为晋王在公元264年,至泰始三年(267年),共4年。
⑥ 这种说法,似乎与史实不符,萧何封侯并非因为修律之功。但晋武帝这种说法,在后世似乎成了"故典",被人效仿。如《旧唐书·刑法志》载,开元二十五年(737年),开元律令修订完成之后,玄宗以宰相燮理、法官平允之功,封(牛)仙客为邠国公,(李)林甫为晋国公,刑部大理官共赐帛二千匹。(北京:中华书局,1975年,第2151页)
⑦ 《晋书》卷30,第927—928页。《太平御览》卷637《刑法部三·律令上》:《晋书》曰:贾充所定新律既班天下,百姓安之。诏曰:"汉氏以来,法令严峻。故自元、成之世,及建平、嘉平之间,咸欲辩章旧典,删革刑书。述作体大,历年无成。先帝愍元之命陷于密网,亲发德音,厘正名实。车骑将军贾充将大用圣意,谘询[善道],太傅郑冲又与司空荀𫖮、中书监荀勖、中军将军羊祜、中护军王业及廷尉杜友、河南尹杜预、散骑都尉成公绥、尚书郎柳轨等典正其事,朕每监其用心,常慨然嘉之。今法律既成,始班天下,刑宽禁简,足以克当先旨。昔萧何以定律受封;叔孙通以制仪为奉常,赐金五百斤,子弟皆为郎。夫立功立事,古之所重,自太傅、车骑以下,皆加禄赏。其详依故典。"[(宋)李昉等撰:《太平御览》,北京:中华书局,1960年,第2855页]这应该才是晋武帝诏书的全文。显然,今本《晋书·刑法志》所引诏文与《太平御览》所录《晋志》中的诏文有较大出入。不知《太平御览》所引《晋志》为何。

字数似应在二十万言左右。如此算来，晋律令的字数仅是东汉末众律令及章句字数的百分之一而已。史称其"实曰轻平，称为简易"①，实乃确当之论。此乃西晋对中国政治史的一大贡献，厥功至伟，晋武帝欣喜非常，自在情理之中。前已言之，若从魏晋律令沿革的实情来讲，此役一半之功，应记在曹魏头上。梁启超先生曾言："魏律之视秦汉律，其篇章大有所增损，篇次亦多移易。若其内容，今虽不可得见，然于汉代诏令法比乃至诸家之学说，殆多网尽而抉择之，其用力之勤，殆非初汉时代所得同年而语也。"②可谓公允之论。

《太平御览》卷637《刑法部三·律令上》引《晋书》③曰，杜预与车骑将军贾充等定律令，既成，预为之注解，乃奏之。曰："法者，盖绳墨之断例，非穷理尽性之书。"又曰："故文约而例直，听省而禁简。例直则易见，禁简则难犯。易见则民知所避，难犯则几于刑措。古之刑书铭之钟鼎，铸之金石，以塞异端、绝异理也。然后人知恒禁，吏无淫巧也。今所注皆网罗法意，格之以名分，使用之者执名例以审趣舍，伸绳墨之直，去析薪之理也。"④杜预虽是大儒，但亦精通注法之术，似乎可以反映出当时一些知识分子的知识结构，既重视儒学、玄学，又不排斥刑名之学。

律令分野已成，大局已定。南朝基本是在遵习晋律令，故各代的朝臣们论及法律问题时争论最多的是如何遵守法令，至于两汉朝臣们最头疼的律令烦杂问题，在晋修律令之后甚少被提起⑤，执法者最烦心的是古代司法领域中最头疼的问题——有法不依。可见晋律令制定有多么成功，确实做到了"实

---

① 《隋书·刑法志》，北京：中华书局，1973年，第696页。
② 梁启超：《论中国成文法编制之沿革得失》，《饮冰室文集》之十六，北京：中华书局，1989年，第15页。
③ 不知是唐修《晋书》之《刑法志》还是前此某"十八家晋书"中之《刑法志》？
④ （宋）李昉等撰：《太平御览》，北京：中华书局，1960年，第2855页。
⑤ 《晋书·刑法志》中所载的刘颂几次上疏极具代表意义，除一次是倡言恢复肉刑者外，他基本都是在阐述依法司法的问题："每有疑狱，各立私情，刑法不定，狱讼繁滋"；"法渐多门，令甚不一"；"宜立格为限，使主者守文，死生以之，不敢错思于成制之外，以差轻重，则法恒全。事无正据，名例不及，大臣论当，以释不滞，则事无阂"；"又律法断罪，皆当以法律令正文，若无正文，依附名例断之，其正文名例所不及，皆勿论"；"至于法律之内，所见不同，乃得为异议也。……不得援求诸外，论随时之宜，以明法官守局之分。"（第933、935、937、938页）

曰轻平，称为简易"①的地步；而北朝历代提倡修订律令之事则不少，可修律之时，晋律令早已成了他们绕不过去的圭臬之作。在此意义上，陈寅恪先生所言"（晋律）既为南朝历代所因袭，北魏改律，复采用之，辗转嬗蜕，经由（北）齐隋，以至于唐，实为华夏刑律不祧之正统"②，一点不为过，应为不刊之论。

"五马游渡江，一马化为龙"③，在五胡铁蹄碾压下仓荒南逃的士人们，惶惶之下拥戴司马睿建立了东晋，以应对北方的压来之势。惊魂未定、立足未稳、政治无序，权宜从事的东晋小朝廷，根本无心、无力来修订律令。《晋书·刑法志》里记载东晋朝廷曾两次商讨恢复肉刑之事，元帝欲恢复之，但大将军王敦以为："百姓习俗日久，忽复肉刑，必骇远近。且逆寇未殄，不宜有惨酷之声，以闻天下。"④于是乃止。王敦一言九鼎。桓玄辅政时也欲恢复肉刑，孔琳之等反对，于是也没修订。修律令之事在东晋没有发生。

第二节　魏晋令之流变

李玉生先生曾说："中国古代律令法体系的形成，实肇始于中国古代法律发展史上的一个划时代的事件——魏晋律令分野。"⑤又说："在秦汉，律与令处于混同状态，两者既没有成为各自独立的法典，在内容和规范性质上也没有明确区分。"⑥笔者不太赞同李先生的观点。正如前文所言，在秦汉之时，律令已经有一定的区别，只是令典尚未出现。令中还大多附有罚则，后人因之就说它尚是"律"。这是典型的以"后人之见"来评说前事，不够准确。到了魏晋，尤其是晋代修律令时，律令之间才严格区分、泾渭分明。而"晋

---

① 《隋书·刑法志》，第696页。
② 陈寅恪：《隋唐制度渊源略论稿》，第100页。
③ 《晋书·五行中·诗妖》，第845页；《晋书·元帝纪》，第157页，略有不同，为"五马浮渡江"。
④ 《晋书·刑法志》，第942页。
⑤ 李玉生：《魏晋律令分野的几个问题》，《法学研究》2003年第5期，第148页。
⑥ 李玉生：《魏晋律令分野的几个问题》，《法学研究》2003年第5期，第149页。

令"来源不少是"旧律"之"未宜除者,若军事、田农、酤酒",于是就"权设其法,太平当除,故不入律,悉以为令"。若是"施行制度,以此设教"时,出现了违反令的严重行为时,结果就是"违令有罪则入律"①。关于晋令,留存的材料较多,而且《唐六典》还保留了其具体的篇目,近人张鹏一先生所辑《晋令辑存》与程树德先生所编《九朝律考·晋律考》都曾收录、整理了不少晋令的条文。通过这些资料,我们得以了解晋令的大概。但是,魏令的研究却没这么幸运,不论是其篇目,还是其具体内容,都十分模糊、凌乱、稀少。但是,并不能因此就说魏令没有继续研究的可能。

魏晋之时何以需要与能够产生令典,当然主要是官僚制度发展的需要,也跟法学理论,尤其是早已存在的对律令之间进行粗疏区别划分的理论的发展脱不了干系;但是为什么令典会选择类似于今天的行政法规而不带罚则的性质与模式存在呢?日本学者冨谷至在前辈曾我部静雄理论基础上,认为这是受了礼典,尤其是《周礼》的影响所致。②"大致上说,《周官》并非仅记录周时理想官制的典籍。如同'王建国,辨正方位,体国经野,设官分职'这一著名序文所指出的那样,它是对整体行政体系做出广泛解说的著作,可以说《周官》是被理想化了的周的行政法规。在礼法交叉、令典这一新法典与刑法典对置的阶段,在以《周官》为礼典的意识下,令典得以产生,并具有了现实的行政法典的性质。由于晋律二十篇之一的'诸侯律'可视为以《周官》为参考的刑罚法规(撰周官,为诸侯律,合二十篇),而先前提及的《续汉书·百官志》的作者司马彪,在晋泰始令成立时任秘书郎,他所说的'《周官》并不只是反映了一种周室牧民的理想,而是在未来成为重要参考对象的规范',如果将它当作晋泰始律令成立时已意识到《周礼》之有效性的史家之言,则具有更深的重要性。"③其实,在上文中,笔者所提到的曹魏的刘劭在

---

① 《晋书·刑法志》,第927页。
② 有关《周礼》与晋律令的关系及刑罚与非刑罚的区别,曾我部静雄已有论及,见[日]曾我部静雄:《中国律令史研究》,东京:吉川弘文馆,1971年;转引自[日]冨谷至:《通往晋泰始律令之路(Ⅱ):魏晋的律与令》,朱腾译、徐世虹校,杨一凡、朱腾主编:《历代令考》(上),第246页。
③ [日]冨谷至:《通往晋泰始律令之路(Ⅱ):魏晋的律与令》,朱腾译、徐世虹校,杨一凡、朱腾主编:《历代令考》(上),第246页。

制定"都官考课"时学习的也是《周礼》。类似的观点,仁井田陞先生也曾提及,他说:"唐令和古代典章制度,特别是和《周礼》也有很深的联系。与前述仪制令同样的制度,可见于地官鼓人、夏官大朴、秋官庭氏等。"此外,他还举了周代"五听"制度在后世《狱官令》中的体现。他还特别指出,唐令与礼的关系很深,像祠、仪制、衣服、卤簿、假宁、丧葬各令的规定大多取材于礼;还有不少依令修礼或不修礼而对令加以修改的资料。① 另一位日本学者堀敏一先生的观点亦具启发性,他说《法经》六篇,"可知其主要是有关君主权力下维持治安的部分,显示出君主对人民的公法统治的建立,却未见专为统治人民的国家机构运作的法律分支。而睡虎地秦简中所谓'秦律十八种'的部分,显然是关于国家机构运作的行政法规。其中的每一条,原先都以被称作'令'的单行法令的形式出现,其令文都是经搜集、分类,并冠以田律、厩苑律、仓律等名称的东西。于是秦代这个时期,作为单行法令颁布的有'令',其中多少被法典化的则是'律'。当然正如本文开头所说,在被视作行政法规的法律中,许多内容都伴随有刑罚,尚未形成后世那种律与令的分野"②。

若要探究魏令,首先我们就必须回归现场,看看当时发生的一些实际情况。《晋书·刑法志》载:"制《新律》十八篇,《州郡令》四十五篇,《尚书官令》、《军中令》合百八十余篇。"③《唐六典·刑部郎中》注言:"魏命陈群等撰《州郡令》四十五篇,《尚书官令》《军中令》合百八十余篇。"④这说明,后人对魏令的篇名与篇数应无异议,一共是二百二十五余篇。⑤至于令名是否仅此三种,笔者认为结论应该审慎地下。《晋书·刑法志》言:"除《厩律》,取其可用合科者,以为《邮驿令》。其告反逮验,别入《告劾律》。

---

① 见[日]仁井田陞原著:《〈唐令拾遗〉序论》,《唐令拾遗》,栗劲等编译,第840—841页。
② [日]堀敏一:《晋泰始律令的制定》,杨一凡总主编,[日]寺田浩明本编主编,[日]冈野诚本卷主编:《中国法制史考证》丙编第二卷《日本学者考证中国法制史重要成果选译(魏晋南北朝隋唐卷)》,程维荣等本卷译者,第283页。
③《晋书》卷30《刑法志》,第923页。
④(唐)李林甫等撰,陈仲夫点校:《唐六典》,第184页。
⑤ 近来读梁健先生《曹魏法制综考》,才知他以为魏令的篇数是"一百六十余篇"。笔者仍然坚持己说。详见梁健:《曹魏法制综考》,北京:知识产权出版社,2019年,第88页。

上言变事，以为《变事令》。"①这里又出现了两种令名——《邮驿令》《变事令》，不知道这是两种单行令呢？还是前面提到的三种令中的一种子令呢？若是按照学界一般的观点，令典就应该是封闭性的，不能随意增减内容。那么，单行令的说法就是站不住脚的。它们只能是属于《州郡令》《尚书官令》《军中令》这三种令的子令了。那我们再来看看这三种令名，就算不跟晋令比较，也知道这是类名而非具体篇名。魏令只是大致地把众多的令分成了三种，因此，有学者认为，"魏编纂新律时，令仍然有州郡令、尚书官令、军中令三种，到了晋代才成为一部法典"②。可是，与东汉末律令混杂情形相比，这已是了不起的进步。但是，这并不代表在三种类名之下就没有子令存在了，答案应该是相反的。

　　冨谷至先生曾提出如下观点：魏时设立的军中令、尚书官令、州郡令等令的三种类别，是汉代的干支令与挈令合二为一，其中又加入战时曹操时期的军中令的产物。③这种推测自然不错，但是，仅止于此，怕是过于低估了魏令的划时代意义。魏令应该已经对令做了较细密的划分，笔者还是更赞同堀敏一先生的说法："晋令的顺序，与后世的隋唐令大相径庭。晋令以户令开端，至杂上中下有个中断，然后从中央官职的门下散骑中书开始，至赎令再一次中断，最后是军战以下的十篇。这种三分法，大约是以魏令的州郡令、尚书官令和军中令为样板的，特别是晋令的第二组和第三组，完全与魏令的尚书官令和军中令相对应。第三组的十篇，在基本沿袭晋令的梁令那里，几乎被删削殆尽，梁令总数减为三十篇。"④

---

　　①《晋书》卷30《刑法志》，第925页。
　　②［日］广濑薰雄：《秦汉时代律令辨》，中国政法大学法律古籍整理研究所编，徐世虹主编：《中国古代法律文献研究》第7辑，北京：社会科学文献出版社，2013年，第111—126页，后收入氏著：《简帛研究论集》，上海：上海古籍出版社，2019年，第407页。广濑薰雄先生还认为"到了魏代，律成为法典"。显然，他认为曹魏时律令都在修定，但因为一些因素，曹魏只完成了律的法典化工作，令典化的工作却未完成。这无疑是承认，律令分野在曹魏时已经完成。
　　③［日］冨谷至：《通往晋泰始律令之路（Ⅱ）：魏晋的律与令》，朱腾译、徐世虹校，杨一凡、朱腾主编：《历代令考》（上），第231页。
　　④［日］堀敏一：《晋泰始律令的制定》，杨一凡总主编，［日］寺田浩明本编主编，［日］冈野诚本卷主编：《中国法制史考证》丙编第二卷《日本学者考证中国法制史重要成果选译（魏晋南北朝隋唐卷）》，程维荣等本卷译者，第292页。

就拿《军中令》来讲，程树德先生《九朝律考》中曾经收罗了现今可见的一些《魏武军令》与《军令》如下：

1. 吾将士无张弓弩于军中。其随大军行，其欲试调弓弩者，得张之，不得著箭，犯者鞭二百，没入吏（《通典》卷一四九引《魏武军令》）。

2. 不得于营中屠杀卖之，犯令没所卖，及都督不纠白杖五十（《通典》卷一四九引《魏武军令》）。

3. 始出营，竖矛戟，舒幡旗，鸣鼓。行三里，辟矛戟，结幡旗，止鼓。将至营，舒幡旗，鸣鼓。至营讫，复结幡旗，止鼓，违令者髡翦以徇（《通典》卷一四九引《魏武军令》）。

4. 军行不得斫伐田中五果桑柘棘枣（《通典》卷一四九引《魏武军令》）。

5. 兵欲作阵对敌营先白表，乃引兵就表，而临阵皆无谨哗，明听鼓音，旗幡麾前则前，麾后则后，麾左则左，麾右则右，不闻令而擅前后左右者斩。伍中有不进者，伍长杀之；伍长不进，什长杀之；什长不进，都伯杀之。督战部曲将拔刃在后，察违令不进者斩之。一部受敌，余部不进救者，斩之（《太平御览》卷二九六引《魏武军令》、《太平御览》卷三四一引《军令》）。

6. 闻雷鼓音，举白幢绛旗，大小船皆进战，不进者斩。闻金音，举青旗，船皆止，不止者斩（《太平御览》卷三四〇引《军令》）。①

这些令规定得都很细密，尤其是那些被称为"军令"的，可能就是魏令中《军中令》令条的存世者。这些令条，都有个特点——皆附有罚则。若依有无罚则来界定律令是否分野，令典是否出现的话，则魏令似乎还不能被称为令典。

那我们再来看看程树德先生《九朝律考》中所辑尚存的《晋令》中的"军令"，其情况又如何呢？

---

① 程树德：《九朝律考》，北京：中华书局，1963年，第214页。

军 战 令

1. 弓弩士习弓（《太平御览》引"习"下无"弓"字）射者，给竹弓角弓，皆二人一张（《初学记》卷二十二引《晋令》、《太平御览》卷三百四十七引《晋令》）。

2. 两头进战，视麾所指，闻三金音止，二金音还（《太平御览》卷三百四十一引《晋令》）。

3. 军列营，步骑士以下皆著兜鍪（《太平御览》卷三百五十六引《晋令》）。

军 水 战 令

1. 水战有飞云船、苍隼船、先登船、飞鸟船（《初学记》卷二十五引《晋令》）。

2. 水战飞云舟，相去五十步；苍隼舡，相去四十步（《北堂书钞》卷一百三十七引《晋令》）。

3. 水战飞云船，相去五十步；苍隼船，相去四十步；金船，相去三十步；小儿先登飞鸟船，相去五十步（《太平御览》卷七百六十九引《晋令》）。

4. 水战有飞苍隼船（《太平御览》卷七百七十引《晋令》）。

军 法 令

1. 误举烽燧，罚金一斤八两，故不举者，弃市（《太平御览》卷七百三十四引《晋令》）。①

这些晋军令应该是受了魏军令的影响，与魏军令基本附带罚则相比，晋军令则基本没附罚则，唯有一条"军法令"除外，"误举烽燧，罚金一斤八两，故不举者，弃市"。当然，这些仅是我们今天可看到的晋军令的情况。这很可能正是晋令与罚则分离的做法在军令中的体现。只是，作为军令，若没

---

① 程树德：《九朝律考》，第305—306页。

有罚则做后盾，如何确保其被遵从呢？其权威性从何而来？笔者推测，正如上引晋军令所体现的那样，很可能一般的军令中是已没有罚则的；而是把罚则都集中到《军法令》中去了。作为军法，若没罚则存在的话，军人触犯军规将无法被处置。绝不可能都如《晋书·刑法志》所言"违令有罪则入律"。这种处罚方法，针对违反一般令条而言是可以的，于违反军令亦如此则非；尤其是在战争时期是会滞碍误事的。更不能如《唐律疏议·杂律》"违令"条规定："诸违令者，笞五十；别式，减一等"①，这么轻微的处罚，怕是没人会去遵从军法了！所以晋令中的军法令尚保留有罚则在，后世军令可能单列②，不在令典中了。这样，才真正能做到"违令有罪则入律"，"诸违令者，笞五十；别式，减一等"。既然晋令尚有如此多的军令与罚则在，说明晋的律令分野并不如前人所说的那样干净彻底；不过，军令也绝非简单的行政法规，这么多军令放在令中本来就有点不妥。如此，上引堀敏一先生的观点就有进一步申说的必要：晋令确实"大约是以魏令的州郡令、尚书官令、军中令为样板的"，但还远不够完善；只有到了梁令的时候，军令"几乎被删削殆尽，梁令总数减为三十篇"以后，令典才真正成型了；而令典的最终成熟完备，应该是至隋唐之时才完成的事。所以，李玉生先生在滋贺秀三先生观点的基础上认为："由于犯罪和刑罚问题都已经被《新律》'都总'了，因而除了律，就不应再有什么刑法规范了。因此，如果说秦汉尚有所谓非刑法的行政律的话，那么从《新律》开始，律就成为刑法典的专称。既然如此，与《新律》同时制定的'魏令'当然也就不会或基本不会包括刑法规范，律令界限自然区别得非常清楚了！怎么能断言魏律令没有明确区分或者晋以前律令区别不清晰呢？"③

---

① （唐）长孙无忌等撰，刘俊文点校：《唐律疏议》，第521页。
② 晋时，已有这种苗头存在了。《晋书·愍怀太子传》载贾后欲谋害太子，"贾后使董猛矫以长广公主辞白帝曰：'事宜速决，而群臣各有不同，若有不从诏，宜以军法从事。'"（第1460页）"以军法从事"，《韩非子·外储说右上》："明日，令田于圃陆，期以日中为期，后期者行军法焉。"［（清）王先慎撰，钟哲点校：《韩非子集解》，第328页］《汉书·王莽传》："敢有趋谨犯法，辄以军法从事。"（第4133—4134页）说明其产生较早，显然是因为军法快于、重于常法的缘故，常法是什么，当然是律令了。故笔者推测，至迟到晋惠帝时，军法已有单列的趋势了。梁时的令中仅有《军吏》《军赏》两篇，似乎跟严格的军令没多大关系。
③ 李玉生：《魏晋律令分野的几个问题》，《法学研究》2003年第5期，第151页。

笔者认为其论说有修正的必要。我们在理性上总是不赞成一事物突然变成另一事物的倏忽的质变，但是感性上却又最惦记划时代的大事件、大发现及对其伟大意义的总结与归纳，从而易于走入理性、感性交错的盲区里去。其实，正如上文所述，笔者觉得，晋令绝非横空出世，与前朝法律也不可能截然不同。它的成就更多的是延续了魏令的荣光，它的不足则有待后世梁令、隋唐令的进一步调适与完善。我们主张晋令具有划时代的意义，并非是指晋令的超拔不群、唯我独尊；而是说晋令是由初步作出律令分野、粗略分出令篇的魏令走向唐令的过程中最关键的一环。它对具体篇名的称法、分法、结构以及罚则的设置与否、语言的简易轻平定下可资效仿的范本；为整个封建国家官僚体制的正常运行铺平了道路，为新的选官制度"九品官人法"①的推行、发展保驾护航，并不断促使封建的各种国家制度发展蜕变。经由南北朝，抵达隋唐，科举制度、三省六部制度、考课制度、赋税制度、监狱管理制度等等重要的制度，哪还能离得开令典的规范而存在呢？

此外，笔者还对《三国志·魏书》的相关记载作了梳理，感觉以下内容也许跟一些令篇存在关联，罗列如下：

（东汉延康）元年二月……宦人为官者不得过诸署令；为金策著令，藏之石室。（《文帝纪》）②

曹丕还不是皇帝，就"金策著令"，篡位之心早著。

（太和三年）秋七月，诏曰："礼，王后无嗣，择建支子以继大宗，则当纂正统而奉公义，何得复顾私亲哉！……其令公卿有司，深以前世行事为戒。后嗣万一有由诸侯入奉大统，则当明为人后之义；敢有佞邪导谀时君，妄建非正之号以干正统，谓考为皇，称妣为后，则股肱大臣，

---

① "九品官人法"在宋以后习惯被称为"九品中正制度"，其实，在创造此制度的曹魏陈群本传里，提法是"九品官人之法"。日本学者宫崎市定先生认为"九品中正制"的称法要慎用，人们往往更注意"中正"制度而忘记了"九品"的真实意味。详见［日］宫崎市定：《九品官人法研究——科举前史》，韩昇、刘建英译，北京：中华书局，2008年，第55—56页；陈长琦：《魏晋南朝的资品与官品》，《历史研究》1990年第6期。

② 《三国志》卷2，第58页。

诛之无赦。其书之金策，藏之宗庙，著于**令典**。"《明帝纪》①

（太和五年）八月，诏曰："古者诸侯朝聘，所以敦睦亲亲协和万国也。先帝著令，不欲使诸王在京都者，谓幼主在位，母后摄政，防微以渐，关诸盛衰也。朕惟不见诸王十有二载，悠悠之怀，能不兴思！其令诸王及宗室公侯各将适子一人朝。后有少主、母后在宫者，自如先帝令②，申明**著于令**。"《明帝纪》③

以上三令，既是国家的根本国策，故藏之石室；又是政令性法规的核心，故著之于令。按令典制定之后的分类，应是属于《尚书官令》的部分。

（黄初五年）十二月，诏曰："先王制礼，所以昭孝事祖，大则郊社，其次宗庙，三辰五行，名山大川，非此族也，不在祀典。叔世衰乱，崇信巫史，至乃宫殿之内，户牖之间，无不沃酹，甚矣其惑也。自今，其敢设非祀之祭，巫祝之言，皆以执左道论，**著于令典**。"（《文帝纪》）④

鲁相上言："汉旧立孔子庙，褒成侯岁时奉祠，辟雍行礼，必祭先师，王家出谷，春秋祭祀。今宗圣侯奉嗣，未有命祭之礼，宜给牲牢，长吏奉祀，尊为贵神。"（《崔林传》）⑤

（正始）二年春二月，帝初通《论语》，使太常以太牢祭孔子于辟雍，以颜渊配。（《三少帝纪》）⑥

---

① 《三国志》卷3，第96页。《三国志·魏书·三少帝纪》引《魏略》说，司马师谋废齐王曹芳时，本意想立彭城王曹据。但是征求太后意见时，太后以为曹据比自己的辈分还高，不妥。又说："吾以为高贵乡公者，文皇帝之长孙，明皇帝之弟子，于礼，小宗有后大宗之义，其详议之。"最终，高贵乡公曹髦得立。（第130—131页）

② 《三国志·魏书·文帝纪》载黄初三年九月甲午，诏曰："夫妇人与政，乱之本也。自今以后，群臣不得奏事太后，后族之家不得当辅政之任，又不得横受茅土之爵；以此诏传后世，若有背违，天下共诛之。"（第80页）

③ 《三国志》卷3，第98页。

④ 《三国志》卷2，第84页。

⑤ 《三国志》卷24，第681页。

⑥ 《三国志》卷4，第119页。

第二章 魏晋令的制定及其流变

（正始五年）五月癸巳，讲《尚书》经通，使太常以太牢祀孔子于辟雍，以颜渊配。（《三少帝纪》）①

（正始七年）冬十二月，讲《礼记》通，使太常以太牢祀孔子于辟雍，以颜渊配。（《三少帝纪》）②

春秋二分之月上丁，释奠于先圣孔宣父，以先师颜回配（子骞、伯牛、仲弓、子有、子路、宰我、子贡、子游、子夏及左丘明、公羊高、谷梁赤、伏胜、高堂生、戴圣、毛苌、孔安国、刘向、郑众、杜子春、马融、卢植、郑玄、服虔、贾逵、何休、王肃、王弼、杜预、范宁等从祀），祭以太牢，乐用登歌轩县六佾之舞，若与大祭祀相遇，则改用中丁。（《唐令拾遗·祠令》）③

上引几则材料，相互间的关联性很强，易于看出其中的相承性。晋有《祠令》，依后世祠典规定，我们知道，古代的国家祭祀都有严格规定，禁绝淫祀；《祠令》中对祭祀孔子更是有详细的记载，也许这些规定在曹魏时已入令典，而晋制定《祠令》时，多依此而已。

（青龙二年春二月）癸酉，诏曰："鞭作官刑，所以纠慢怠也，而顷多以无辜死。其减鞭杖之制，**著于令**。"（《明帝纪》）④

魏明帝改士庶罚金之令，男听以罚金，妇人加笞还从鞭督之例，以其形体裸露故也。（《晋书·刑法志》）⑤

笔者觉得，这两个记载应该有关联之处，体现到令典中，就是对已有的《鞭杖令》的修改问题。后文论述晋《鞭杖令》时将有详细论述，此处不赘。

《高柔传》载，魏明帝时，高柔为廷尉，"时制，吏遭大丧者，百日后皆

---

① 《三国志》卷4，第120页。《三国志·魏书·三少帝纪》，正元元年九月，高贵乡公曹髦"讲《尚书》业终，赐执经亲授者司空郑冲、侍中郑小同等各有差"，并没有去"释奠"孔子。（第133页）
② 《三国志》卷4，第121页。
③ [日]仁井田陞原著：《唐令拾遗》，栗劲等编译，第102页。
④ 《三国志》卷3，第101页。
⑤ 《晋书》卷30，第922页。

给役"①。

此"制"可能正是《丧葬令》之规定。

第三节 略论魏科

科乃曹操时期开始制定颁布的法律形式，在曹魏建政以后还长期行用。因其既与律令关系紧密，又影响到魏明帝时的修律令工作。因此，有必要澄清其来龙去脉。

张建国先生曾言："曹魏制定正式法典在魏明帝太和年间（227年—232年），据晋志记载，魏此次改革刑制是由'删约旧科，傍采汉律，定为魏法'的"，"即魏律的制定，主要是以科为基础来删约，汉律仅为旁采而已。还应看到，所谓旧科已不是一般法律名词而是确有其类，如晋志摘录的魏律序中，就曾多次提到具有实体意义的科：'科有持质'、'科有登闻道辞'等。此外，魏律序文其它内容也足资证明有以法律形式存在着的科，如：'除厩律，取其可用合科者，以为邮驿令'；'科之为制，每条有违科，不觉不知从坐之免不复分别，而免坐繁多，宜总为免例，以省科文'。"②张建国先生举例证明曹魏是存在"科"的，笔者甚为赞同；但是笔者不太同意其所说"魏律的制定，主要是以科为基础来删约，汉律仅为旁采而已"及"科以法律形式存在"的观点；也不太赞同滋贺秀三先生所说"魏科"是一"大型法律"③及张建国先生认为"甲子科标志着一种更为成熟、更加法典化的法律制度的建立"④的

---

① 《三国志》卷24，第687页。
② 张建国：《"科"的变迁及其历史作用》，《北京大学学报（哲学社会科学版）》1987年第3期；收入《帝制时代的中国法》，第79—80页。
③ [日]滋贺秀三：《关于汉唐间法典的二三考证》，《东方学》一七，1958年，第3页。转引自[日]冨谷至：《通往晋泰始律令之路（Ⅱ）：魏晋的律与令》，朱腾译，徐世虹校，杨一凡、朱腾主编：《历代令考》（上），第232页。
④ 张建国：《"科"的变迁及其历史作用》，《北京大学学报（哲学社会科学版）》1987年第3期；收入《帝制时代的中国法》，第82页。

说法。另一方面，富谷至先生认为"不仅仅是汉代，即使在曹魏，我对'魏科'这一'大型法律'的存在也同样持怀疑态度"，富谷至先生还举出魏末群臣争议李丰等案的言论，"丰等各受殊宠，典综机密……将以倾覆京室，颠危社稷。（钟）毓所正皆如科律，报毓施行"①与《三国志·魏书·三少帝纪》中司马昭下令严惩手刃高贵乡公曹髦的成济的"科律大逆无道，父母妻子同产皆斩。济凶戾悖逆，干国乱纪……廷尉，结正其罪"②中都有"科律"一词，认为，"科"一语，无论是在汉代、魏国还是在魏王朝，都只是表示法规、法令及条文等一般意义。③正如笔者后文所附图表显示的那样，魏时有科应该是不争的事实。《晋书·刑法志》言："于正律九篇为增，于旁章科令为省矣。"④《三国志·魏书·刘劭传》曾言"征拜骑都尉，与议郎庾嶷、荀诜等定科令，作《新律》十八篇，著《律略论》。迁散骑常侍"⑤。《晋书·刑法志》在谈及晋律修订时说："文帝为晋王，患前代律令本注烦杂，陈群、刘邵虽经改革，而科网本密。"⑥《晋书·贾充传》也说他"拜尚书郎，典定科令，兼度支考课"⑦。这几处出现的"科"，虽然不都是在确指"科"这种法律形式，但显而易见的是，若不是"科"在一定时间内曾经拥有很高的法律地位，成为了"律"跟"法"的新的替代词，为何两处的行文不依秦汉人的故法，直称为"法令""法网"呢？至于科的性质，笔者认为就是汉代诏令的变种，应非新的法律形式，其重要程度与分量绝没有滋贺秀三与张建国二位先生说得那么大。它仅是针对性很强的应急章，故会时有新"科"出台，而非封闭的成形的"大型法律"甚或"法典"。在令典尚处于不成熟、未完成的阶段，却另存有

---

① 《三国志·魏书·夏侯玄传》，第299页。
② 《三国志》卷4，第146—147页。
③ [日]富谷至：《通往晋泰始律令之路（Ⅱ）：魏晋的律与令》，朱腾译，徐世虹校，杨一凡、朱腾主编：《历代令考》（上），第232、235页。
④ 《晋书》卷30，第925页。
⑤ 《三国志》卷21，第618页。
⑥ 《晋书》卷30，第927页。
⑦ 《晋书》卷40，第1165页。

有别于律、令的新的法律形式，这是不合情理的。①

笔者认为，曹操作为北方真正的最高统治者，他所制定的"科"就是一种应急的类似于汉代"诏令"的令集，因为它们制定的过程与所起的作用跟汉朝皇帝的诏令没什么两样。因此，既然我们认同滋贺秀三所说的汉代不存在"科"这一结论的合理性，那么，曹操时代制定的"科"又跟汉代诏令没什么差别，怎么就成了新的法律形式了呢？我们也不能因为"删约旧科，傍采汉律，定为魏法"这句话，仅是在行文次序上，"旧科"放在了"汉律"的前面，文字上又有"傍采"之词，就"望文生义"地认为"旧科"是成熟的、大型的法律。正如有些学者所说的，若是魏科是大型的法典，怎么《三国志》跟《晋书》中甚少提及呢？固然，从《晋书·刑法志》中我们看到一些"科"的内容，但是它们远无资格顶替汉律而在《新律》的制定中唱主角。笔者认为，魏律制定者之所以如此行文，无非是出于对现政权的尊重与逢迎，与杜周唯当世皇帝的诏令是瞻一个心理，不能作为信史。

接下来，我们就来看看魏新律修定时所采撷的汉律、魏科情况。

《晋书·刑法志》载："删约旧科，傍采汉律，定为魏法，制《新律》十八篇，《州郡令》四十五篇，《尚书官令》《军中令》，合百八十余篇。"那么删改的具体情况如何呢？我们不凡赘举魏律《序略》如下：

> 《盗律》有劫略、恐猲、和卖买人，**科**有持质，皆非盗事，故分以为《劫略律》。《贼律》有欺谩、诈伪、逾封、矫制，《囚律》有诈伪生死，《令丙》有诈自复免，事类众多，故分为《诈律》。②《贼律》有贼伐树木、杀伤人畜产及诸亡印，《金布律》有毁伤亡失县官财物，故分为《毁亡律》。《囚律》有告劾、传覆，《厩律》有告反逮受，**科**有登闻道辞，故分为《告劾律》。《囚律》有系囚、鞫狱、断狱之法，《兴律》有上狱

---

① [日]冨谷至：《通往晋泰始律令之路（Ⅱ）：魏晋的律与令》，朱腾译、徐世虹校，杨一凡、朱腾主编：《历代令考》（上），第235—236页。

② 似应为《诈伪律》。

之事，科有考事报谳，宜别为篇，故分为《系讯》、《断狱律》。《盗律》有受所监受财枉法，《杂律》有假借不廉，《令乙》有呵人受钱，科有使者验赂，其事相类，故分为《请赇律》。《盗律》有勃辱强贼，《兴律》有擅兴徭役，《具律》有出卖呈，科有擅作修舍事，故分为《兴擅律》。《兴律》有乏徭稽留，《贼律》有储峙不办，《厩律》有乏军之兴，及旧典有奉诏不谨，不承用诏书，汉氏施行有小愆之反不如令，辄劾以不承用诏书乏军要斩，又减以《丁酉诏书》，《丁酉诏书》，汉文所下，不宜复以为法，故别为之《留律》。秦世旧有厩置、乘传、副车、食厨，汉初承秦不改，后以费广稍省，故后汉但设骑置而无车马，而律犹著其文，则为虚设，故除《厩律》，取其可用合科者，以为《邮驿令》。其告反逮验，别入《告劾律》。上言变事，以为《变事令》，以惊事告急，与《兴律》烽燧及科令①者，以为《惊事律》。《盗律》有还赃畀主，《金布律》有罚赎入责以呈黄金为价，科有平庸坐赃事，以为《偿赃律》。律之初制，无免坐之文，张汤、赵禹始作监临部主、见知故纵之例。其见知而故不举劾，各与同罪，失不举劾，各以赎论，其不见不知，不坐也，是以文约而例通。科之为制，每条有违科，不觉不知，从坐之免，不复分别，而免坐繁多，宜总为免例，以省科文，故更制定其由例，以为《免坐律》。诸律令中有其教制，本条无从坐之文者，皆从此取法也。凡所定增十三篇，就故五篇，合十八篇，于正律九篇为增，于旁章科令为省矣。②

表 2-2 《晋书·刑法志》所载魏科明细表

具体科名	是否实指科	最终归属
科有持质	是	劫略律
科有登闻道辞	是	告劾律
科有考事报谳	是	系讯、断狱律
科有使者验赂	是	请赇律

① 沈家本《律目考》以为乃"合"之讹。
② 《晋书》卷30，第924—925页。

续表

具体科名	是否实指科	最终归属
科有擅作修舍事	是	兴擅律
除《厩律》，取其可用合科者	应该是	邮驿令
与《兴律》烽燧及科令者	科有相关条文	惊事律
科有平庸坐赃事	是	偿赃律
科之为制，每条有违科	概指科这种法律形式	
以省科文	泛指	
于旁章科令为省	是	

从以上引文中我们可知：一、科凡出现十二次，泛指科的有之，实指科的也有之，泛指法律的还有之。而这与引文中所提到的"傍采"的汉律相比，明显不是一个量级。那怎么能说魏律是"以科为基础来删约，汉律仅为旁采而已"呢？二、就科的性质来讲，笔者认为，"科"其实就是诏令的变种而已。曹操生前颁布了不少的令，但是那些全国范围内适用的令，碍于自己的身份，不能说是诏令，可能就权用"科"来命名。从《三国志·魏书》与《晋书·刑法志》中，我们并没有发现足够多的"科"。而且从仅见的一些"科"的内容来讲，一看之下即知是极具针对性的法律措施，皆乃一些即兴而作的单行法，诏令与命令的色彩很浓。不过，需要注意的是，"科"毕竟是适用于全国的法，故它的地位要比曹操颁布的普通的"令"要高，因此，曹操时期各种法律形态重要性的排列次序应该是这样的：汉律及诸傍章、科、令、故事。三、若是魏科真的是大型的成熟的法律，并取得了很好的效果的话，修律之时，群臣们怎么不把新的法典就叫成《魏科》呢？这不更具划时代意义，更能体现出魏朝与汉朝甚至所有前朝的不同吗？或者，起码在新制定的诸多法律形态中保留"科"作为一种法律形式的存在，不是挺好吗？怎么"科"随着新的律令体系的出台，就完全销声匿迹了呢？思索所有这些疑问，只能得出一个结论："科"在曹魏统治者的心目中，仅是应急之法，绝非治世良规。四、魏科的归属何在。既然新朝已立，新法已下，科的历史任务已经完成，而且它的不少内容还被整合到新制定的律令中去了，它本身也就无需

存在了。

下面我们不妨来具体分析史料中常被提起的那些魏科。

"新科"见于《三国志·魏书·何夔传》。"是时太祖（曹操）始制新科下州郡，又收租税绵绢。夔以郡初立，近以师旅之后，不可卒绳以法，乃上言曰：'自丧乱已（以）来，民人失所，今虽小安，然服教日浅。所下新科，皆以明罚敕法，齐一大化也。所领六县，疆域初定，加以饥馑，若一切齐以科禁，恐或有不从教者。有不从教者不得不诛，则非观民设教随时之意也。'"①

"甲子科"见于《晋书·刑法志》。"及魏国建，陈纪子群时为御史中丞，魏武帝下令又欲复之（指恢复肉刑），使群申其父论。群深陈其便。时钟繇为相国，亦赞成之，而奉常王修不同其议。魏武帝亦难以藩国改汉朝之制，遂寝不行。于是乃定甲子科，……又嫌汉律太重，故令依律论者听得科半，使从半减也。"②

笔者认为"甲子科""新科"固然是曹魏法制的创设，但若要说已经成熟、法典化，那是想当然的说法。细忖文意，笔者更坚定了自己的看法：它们仅仅是曹魏适应法制乱象的应急制作而已。虽然它们包罗很多方面——如上述《晋书·刑法志》所列，但绝不能跟司马昭下令修定的《泰始律令》相比。《晋书·刑法志》所提及的"甲子科"仅是针对恢复肉刑之举难产以后的权宜性规定——"魏武帝亦难以藩国改汉朝之制，遂寝不行。于是乃定甲子科"；一般司法的时候主要还是沿用汉律而"科半"——"又嫌汉律太重，故令依律论者听得科半，使从半减也"。很显然，"甲子科"只是单行法之一种，绝非"法典"。从引文不难看出，"新科"与"甲子科"绝非一回事。那么，若"新科"已经是"大型法典"，才刚颁下不久，又何必再下"甲子科"呢？因此，张建国先生以"科"为"独立性的临时法典"之说多少有臆测之意。

张建国先生还说："这些旧科是指曹魏政权初期所订立的临时性法规，即后来所称的魏科。如此才可明了魏律的产生，是以曹魏创制的法律（魏科）

---

① 《三国志》卷12，第380页。
② 《晋书》卷30，第922页。

为主，参照前期的法律（汉律）修订而成，魏律又称新律，此前订立的科自然相应地就被称为'旧科'了。"①笔者认为，这里的"新律"是与"旧律"对言的，而非"旧科"；而"旧律"在《晋书·刑法志》中常指的是魏、秦《法经》跟汉《九章律》。

---

① 张建国：《"科"的变迁及其历史作用》，《北京大学学报（哲学社会科学版）》1987年第3期；收入《帝制时代的中国法》，第80页。

第三章　晋令令篇考述

第一节　晋令及相关问题考述

一、晋令概述

本书一再强调，魏律令已经取得了很大的成就。但一则魏律令文本无传，二则佐证资料甚少，故学界（包括笔者）对于魏律令的研究与评价基本建立在推测基础上。与魏律令情况相比，晋代的律令资料留存得相对多些，尤其是《唐六典》中完整保留了晋律二十篇及晋令四十篇的名称，加之各种正史及类书中散见的晋律令条文，晋律令资料较多。因此，对于晋律令内容的研究则有章可循得多。下文中，笔者将依据史料，先对晋令作一概述，进而对晋令中留存条文较多的令篇与后世之相关令篇作一比较，以期由此揭示出晋令对前世相关法律的依承与对后世相关令条令篇的影响，而这正可体现出晋令在古代令制中的地位及影响。

表 3-1 魏令至宋天圣令对照表

魏令	晋令	梁令	北齐令①	隋令	唐令	宋天圣令②
州郡	户	户	吏部	官品上	官品上	官品上
尚书官	学	学	考功	官品下	官品下	官品下
军中	贡士	贡士赠官	主爵	诸省台职员	三师三公台省职员	三师三公台省职员
邮驿	官品	官品	殿中	诸寺职员	寺监职员	寺监职员
变事	吏员	吏员	仪曹	诸卫职员	卫府职员	卫府职员
	俸廪	服制	三公	东宫职员	东宫王府职员	东宫王府职员
	服制	祠	驾部	行台诸监职员	州县镇戍岳渎关津职员	州县镇戍岳渎关津职员
	祠	户调	祠部	诸州郡县镇戍职员	内外命妇职员	内外命妇职员
	户调	公田公用仪迎	主客	命妇品员	祠	户
	佃	医药疾病	虞曹	祠	户	祠
	复除	复除	屯田	户	选举	选举

① 北齐令的具体名称难知,据《唐六典·刑部郎中》注有言:"北齐令赵郡王叡等撰《令》五十卷,取尚书二十八曹为其篇名,又撰《权令》二卷,两《令》并行。"(第184页)所以,此处表中所列的北齐令名,都是依照北齐二十八曹名罗列于此。而北齐二十八曹曹名取自《隋书·百官志》。

② 《玉海》卷66曰:"(天圣)七年五月己巳,诏以《新修令》三十卷,又附《令敕》颁行……为附令敕一卷(注:《志》:《令文》三十卷,附《令敕》一卷)。乃下两制看详,既上,颁行之。"[注:先是,诏参政吕夷简等参定令文,乃命庞籍、宋郊(即宋庠,宋祁的哥哥。日人浅井虎夫《中国法典编纂沿革史》误为"宋祁")为修令官,取《唐令》为本,参以新制。七年五月十八日,上删修《令》三十卷。](宋)王应麟纂《玉海》,第2册,第1257页。《郡斋读书后志》卷8曰:"《天圣编敕》三十卷,右天圣中,宋庠、庞籍受诏改修《唐令》,参以今制而成。凡二十一门:官品一、户二、祠三、选举四、考课五、军防六、衣服七、仪制八、卤簿九、宫室十、田十一、赋十二、仓库十三、厩牧十四、关市十五、捕亡十六、疾医十七、狱官十八、营缮十九、丧葬二十、杂二十一。"(宋)晁公武撰,孙猛校证:《郡斋读书志校证》,上海:上海古籍出版社,1990年,第332页。日人浅井虎夫《中国法典编纂沿革史》(陈重民译,李孝猛点校,北京:中国政法大学出版社,2007年,第178页)已经指出,《郡斋读书志》作《天圣编敕》,非也。这明显是《天圣令》的篇目。对比新近发现的《天圣令》残卷,我们可知,《郡斋读书后志》的记载尚有一处错误,即《捕亡》十六其实附在《关市》之后,并未单独成篇,那么,多出来的一篇就应该是《宫卫》。另外,二十一门,并不代表是二十一篇,看新近发现的《天圣令》残卷,二十一篇以后的田令至杂令,跟《唐令》顺序篇目名全同。所以,笔者认为,《官品》应该包括《官品上》至《内外命妇职员》的八篇令。它跟《唐令》唯一的不同,可能就是《户》与《祠》调换了次序而已。

续表

魏令	晋令	梁令	北齐令	隋令	唐令	宋天圣令
	关市	关市	起部	学	考课	考课
	捕亡	劫贼水火	左中兵	选举	宫卫	宫卫
	狱官	捕亡	右中兵	封爵俸廪	军防	军防
	鞭杖	狱官	左外兵	考课	衣服	衣服
	医药疾病	鞭杖	右外兵	宫卫军防	仪制	仪制
	丧葬	丧葬	都兵	衣服	卤簿上	卤簿上
	杂上	杂上	都官	卤簿上	卤簿下	卤簿下
	杂中	杂中	二千石	卤簿下	公式上	公式上
	杂下	杂下	比部	仪制	公式下	公式下
	门下散骑中书	宫卫	水部	公式上	田	田
	尚书	门下散骑中书	膳部	公式下	赋役	赋役
	三台秘书	尚书	度支	田	仓库	仓库
	王公侯	三台秘书	仓部	赋役	厩牧	厩牧
	军吏员	王公侯	左户	仓库厩牧	关市	关市（捕亡令附）
	选吏	选吏	右户①	关市	医疾	医疾（假宁令附）
	选将	选将	金部	假宁②	狱官	狱官
	选杂士	选杂士	库部	狱官	营缮	营缮
	宫卫	军吏		丧葬	丧葬	丧葬（丧服年月附）
	赎	军赏		杂	杂令	杂令
	军战					
	军水战					
	军法					
	军法					
	军法					
	军法					

① 《通典》卷23《户部尚书》北齐有"左户、右户"。[（唐）杜佑撰，王文锦等点校：《通典》，北京：中华书局，1988年，第635页。]霍存福师等翻译的池田温的《唐令与日本令——〈唐令拾遗补〉编纂集议》（《比较法研究》1994年第1期，第97页）列表作"左民、右民"。不确。

② 唐令篇目中未见《假宁令》，按新发现的《天圣令》的记载，应该是附在了《医疾令》的后面。

续表

魏令	晋令	梁令	北齐令	隋令	唐令	宋天圣令
	军法					
	军法					
	杂法					
	杂法					
	共40篇 2296/2306①条	共30篇	40②卷，权令2卷：共30篇	30卷	30卷 1546条	
晋志	唐六典	唐六典	隋志	唐六典	唐六典	天圣令残卷；郡斋读书志

《唐六典》"刑部郎中"条注云："后魏初命崔浩定令，后命游雅等成之，史失篇目""后周命赵肃、拓跋廸定令，史失篇目。"③故，北魏与北周的令典情况我们如今已无法知晓了。

表 3-2　历代律典（法经——唐律）比较列表

法经	九章律	新律	晋律	梁律	北齐律	周大律	隋律	大业律	唐律
盗	盗	刑名	刑名	刑名	名例	刑名	名例	名例	名例
贼	贼	盗	法例	法例	禁卫	法例	卫禁	卫宫	卫禁
囚	囚	劫略	盗	盗劫	婚户④	祀享⑤	职制	违制	职制
捕	捕	贼	贼	贼叛	擅兴	朝会	户婚	请求	户婚
杂	杂	诈伪	诈伪	诈伪	违制	婚姻	厩库	户	厩库
具	具	毁亡	请赇	受赇	诈伪	户禁	擅兴	婚	擅兴
	户	告劾	告劾	告劾	斗讼	水火	贼盗	擅兴	贼盗
	兴	捕	捕	讨捕	贼盗⑥	兴缮	斗讼	告劾	斗讼
	厩	系讯	系讯	系讯	捕断	卫宫	诈伪	贼	诈伪

---

① 《晋书·刑法志》载晋"律令合二千九百二十六条，十二万六千三百言，六十卷。"又言晋律"二十篇，六百二十条，二万七千六百五十七言"（第927页）。另据《通典》卷163、《通志》卷60、《文献通考》卷164，都说晋律是"六百三十条"，如此，晋令条数与字数就有两个版本：一、二千三百零六条，九万八千六百四十三言；二、二千二百九十六条，九万八千六百四十三言。

② 《唐六典·刑部郎中》条以为"五十"卷（第184页）。

③ （唐）李林甫等撰，陈仲夫点校：《唐六典》，第184页。

④ 《唐六典》注作"户婚"（第182页）。

⑤ 《唐六典》注作"祠享"（第182页）。

⑥ 《唐六典》注作"盗贼"（第182页）。

续表

法经	九章律	新律	晋律	梁律	北齐律	周大律	隋律	大业律	唐律
		断狱	断狱	断狱	毁损	市廛	杂律	盗	杂律
		杂	杂	杂	厩牧	斗竞	捕亡	斗	捕亡
		请赇	户	户	杂	劫盗	断狱	捕亡	断狱
			擅兴	擅兴		贼叛		仓库	
		兴擅	毁亡	毁亡	毁亡			厩牧	
		乏留	卫宫	卫宫		违制		关市	
		惊事	水火	水火		关津①		杂	
		偿赃	厩	仓库		诸侯		诈伪	
		免坐	关市②	厩		厩牧		断狱	
			违制	关市		杂犯			
			诸侯	违制		诈伪			
						请求			
						告言③			
						逃亡④			
						系讯			
						断狱			
晋志	晋志	晋志	晋志	唐六典	唐六典	隋志	隋志	隋志	唐六典

结合史实与上两表我们可以发现以下问题。

（一）曹魏、西晋是令由诏令集到令典的质变时期

曹魏对律令进行了初步的较为系统的整理，厥功至伟。但是，曹魏时期的令不论是令篇分布还是令篇内容，都还比较笼统与庞杂；西晋时，继踵曹魏，使律令区分最终定型。曹魏的令很庞杂，有225篇之多，估计还附带着

---

① 《唐六典》注作"关市"（第183页）。
② 此处所罗列的《晋律》二十篇，是以《唐六典》的记载为依据的。但是日本学者冨谷至认为不能否定囚律的存在。他认为《晋律》有囚律无关市律。详见[日]冨谷至：《通往晋泰始律令之路（Ⅱ）：魏晋的律与令》，朱腾译，徐世虹校，杨一凡、朱腾主编：《历代令考》（上），第228页。《唐六典》所罗列的晋令中也有"关市令"，冨谷至的观点不无道理。
③ 《唐六典》注作"告劾"（第183页）。
④ 《唐律疏议·捕亡律》篇题"疏议"曰："后周名逃捕律。"（第525页）《唐六典》卷6注与《通典·刑二·刑制中》同《隋志》。

不少自秦汉遗留下来的尚未来得及清理的诏令；而晋令则仅有40篇，且已细化为事项令。事项令的称法，"张家山汉简"中即有《津关令》之属，说明其起源较早；但是，纵观整个汉代，事项令之外尚有干支令、挈令等称法。把令篇名统一由"事项"来称，也许在曹魏时即已如此，只是据目前材料所见，我们只好把劳绩归于晋代。从此，令名定于一尊，不再有干支令、挈令、事项令之纷杂。我们把晋令与魏令细加比较就会发现，晋令所作的工作中最重要的一个就是细化魏令，但总体上还是能看出受"州郡令、尚书官令、军中令"三分法影响的痕迹。当时国家尚未统一，行政部门正需高效运转，比秦汉有较大改变的就是以尚书、中书、门下为核心的全新的行政体系正在形成完善之中，诸多事务因有了法律的规范而走上了正规化的道路。平定蜀国建政以后，晋朝势力远超吴国，自信心日强，政局也较为稳定，军队打仗也减少了不少，故国家各级机构的日常行政事务变成了其最重要的职责。而这些行政行为需要法律化、体系化、高效化，因此，有些不需要的令就被删掉了，最明显的自然是军法。其由原来曹魏时期跟《尚书官令》合180余篇减少到西晋时的10多篇①，再到梁代的5篇，到唐时，仅有"军防"一篇留存。各代可知的令条总数，晋令2306或2296条，唐令则1546或1590条。唐令比晋令要少700余条，究其原因，固然有不少令条过期作废的因素，但删减的大宗，必定是军令无疑。由此反推，晋代的军令如此多，那么魏军令则应该更多，其数量可能与《州郡令》及《尚书官令》的总数相匹敌。

（二）晋令篇目排列有其自身逻辑

与后世令篇的布局相比较，晋令显得较凌乱。其实，晋令的编排有自己的逻辑。"九品官人法"确立以后，选官成为国家工作的初步，无论是对一国存亡而言，还是就培养官人的起步工作来讲，户口的繁殖都很重要，因此，"户"为首，十分正常。要任官，就必须经过系统的知识训练，故

---

① 笔者认为，从"军吏员"以下的篇目，除"宫卫""赎"以外，都是军法；而且，在战争年代，"宫卫"跟军法的牵涉很多，而"赎"之所以被编排在这附近，未必不是因为作为战争时期的一种变通易行的刑罚执行方法的缘故。

"学"为第二。从"贡士"至"服制"之内容,所有的官员都须涉及,无一例外。而从"祠"至"杂下"之内容,明显是规定各级各类官吏的职掌问题的。比如"捕亡"、"狱官"、"鞭杖"三篇,是各级司法官员的职掌;门下、尚书、御史台等乃国家的核心政制机构,故对其职掌予以单列,凸显出其地位与作用。西晋时大封诸侯,虽然律中已有《诸侯》一篇,但估计只规定了大概,其细则部分则由令补其不足。军法层面,由于国家尚未统一,军事行动还比较频繁,修令之时虽已删削甚多,但如何处置,尚无良法,故权作保留。

作为今人,以"后见之明",我们当然会发现晋令中诸多的不合理、不完善。比如,令篇一开始就有"户令",后面又有"户调令"及"佃令",这三者之间有两两相交叉——"户令"与"户调令"有交叉,"户调令"又与"佃令"有交叉——的问题;所以,后世立法者就把这三者作了调整,整合为"户令""田令"与"赋役令",眉目清楚,内容明晰。"杂令"之设也有问题,后世一般仅有一篇,包罗前面令所未包括在内的诸事项。但可能由于承继的魏令太庞杂,晋令"杂令""杂法"分隔两处。但无论如何,晋令已经为具有事项名称的所谓事项令,是可以确定的,而且也是晋以降的梁令(503年)、隋开皇令(581年)及唐永徽令(651年)等后续令典的最初形态。①

(三)《唐六典》所记载的"晋律令"篇目

《唐六典》记载的《晋律》二十篇篇目是:刑名、法例、盗律、贼律、诈伪、请赇、告劾、捕律、系讯、断狱、杂律、户律、擅兴律、毁亡、卫宫、水火、厩律、关市、违制、诸侯。其记载的《晋令》四十篇篇目则是:户、学、贡士、官品、吏员、俸廪、服制、祠、户调、佃、复除、关市、捕亡、狱官、鞭杖、医药疾病、丧葬、杂、门下散骑中书、尚书、三台秘书、王公侯、军吏

---

① [日]冨谷至:《通往晋泰始律令之路(Ⅱ):魏晋的律与令》,朱腾译,徐世虹校,杨一凡、朱腾主编:《历代令考》(上),第236页。

员、选吏、选将、选杂士、宫卫、赎、军战、军水战、军法、杂法。①律、令之中，"杂"除外，重复的仅有"关市"与"捕"（"捕亡"）及"户"三篇。冨谷至先生认为，《晋书·刑法志》记载的《晋律》二十篇应该是"刑名、法例、盗、贼、诈伪、请赇、告劾、囚、捕、系讯、断狱、杂、户、擅兴、毁亡、卫宫、水火、厩、违制、诸侯"。用"囚律"取代了"关市律"。②诚然，《晋书·刑法志》载晋律修定情况时说："就汉九章增十一篇，仍其族类，正其体号，改旧③律为《刑名》《法例》，辨《囚律》为《告劾》《系讯》《断狱》，分《盗律》为《请赇》《诈伪》《水火》《毁亡》，因事类为《卫宫》《违制》，撰《周官》为《诸侯律》，合二十篇。"④既然"分"《盗律》为《请赇》《诈伪》《水火》《毁亡》，而《盗律》仍在；那为什么"辨"《囚律》为《告劾》《系讯》《断狱》，就一定要废掉《囚律》呢？对于"分""辨"二字的解释不同，正是后人产生争议的主要原因。此外，上述《晋书·刑法志》所说"就汉九章增十一篇，仍其族类，正其体号"，若严格推导，就是：《九章律》的"九"【盗、贼、囚、捕、杂、具（刑名）、户、兴（擅兴）、厩】加新增加的"十一"【法例、告劾、系讯、断狱、请赇、诈伪、水火、毁亡、卫宫、违制、诸侯律】篇恰好成了《晋律》二十篇。似乎没有必要再加上一个令中已有的《关市律》了。只不过，《唐六典》记载的《梁律》篇目中有《关市律》而无《囚律》，《梁令》中亦有《关市令》。虽然我们不能因此反推晋律令的格局应该雷同于梁律令，但是梁律令却是沿袭晋律令而来的。综上，笔者的推测是：晋律可能确实保留了《囚律》，这是为了标榜自己远踪汉律的结果；但由于《囚律》的内容基本已被别的律篇所分割代替，故至迟到梁代修律时，用日渐重要的《关市令》中的通则

---

① （唐）李林甫等撰，陈仲夫点校：《唐六典》，第181、184页。
② [日]冨谷至：《通往晋泰始律令之路（Ⅱ）：魏晋的律与令》，朱腾译，徐世虹校，杨一凡、朱腾主编：《历代令考》（上），第228、236页。
③ 日本学者滋贺秀三及我国学者刘俊文皆认为"旧"乃"具"之讹。见[日]滋贺秀三：《西汉文帝的刑法改革和曹魏新律十八篇篇目考》，姚荣涛、徐世虹译，刘俊文主编：《日本学者研究中国史论著选译》（第八卷），第91页。刘俊文：《唐律疏义笺解》，北京：中华书局，1996年，第9页注[二八]。
④ 《晋书》卷30，第927页。

性规定提炼整合为《关市律》，从而取代了《囚律》，而《关市令》中的一些具体规定仍保留在了《令典》之中。从上表所列的《周大律》与《隋大业律》一再恢复《关津律》与《关市律》的篇目可知，《关市律》（或者《关津律》）的地位有多么重要。

在令典中，尚有户、断狱、狱官等与律的规定应该有重复。不难理解，令中的规定比律的规定可能更细化，这从《唐律疏议·断狱》与《唐令拾遗·狱官令》的规定比对中即可发现端倪，故不赘述。

二、晋令修订考述

正像后世的唐宋令展现得那样，随着一些重要的官职名称及其职掌的变化，或者因为都城的改变，抑或礼仪制度、赋役制度等的变更等诸多原因，由于事关国体民生，故都需要重新定令。[①]从这个视角，我们可以发现，对国家机构与国家的执政者而言，令比律的使用更普遍、更日常，这自然是其政令法规的性质所决定的。古代诸正史的《礼志》中规定的皆是"五礼"——吉、凶、军、宾、嘉，多为帝王之礼与国家主导之下的礼仪，臣下之礼不少自然也被规定于礼典之中；但一些事关身份、职责、待遇、黜陟、惩戒之内容则都规定于令典中，以宣告勿僭越、守本分之义。

大体而言，古代政治范围不外乎礼、乐、政、刑四字，乐的制度先秦估计已缺失严重[②]，后世多流于附庸之地位，聊胜于无；而礼、政、刑三个制度为秦后之任何朝代概莫能弃。作为国家施政保障的法典，晋律、晋令中之规定亦不外乎此四者范围。就律令之价值取向而言，令典更注重积极性的引导，而律典则更侧重消极性的惩戒。

以唐代多次重订令典的经历来比照现今我们可见的晋令条文，笔者认为，

---

① 详见[日]仁井田陞原著：《〈唐令拾遗〉序论》，《唐令拾遗》，栗劲等编译，第809—835页。

② 杨伯峻先生曾说："'乐'的亡佚，或许是时代潮流的自然淘汰，《乐经》的失传是有它的必然性。"《文史知识》编辑部编：《经书浅谈》，北京：中华书局，1984年，第4页。

晋令的篇章及内容在后期及梁代重新修令之前应有过不少改变，但由于文献缺载，详细之处难以确知。最主要的改变自然是，罚则性的令条被逐渐排除在外——如军法令。程树德先生《晋律考》所辑"杀人父母，徙之二千里外"①，至唐代已经成了"律"文。《唐律疏议·贼盗律》"杀人移乡"条言："诸杀人应死会赦免者，移乡千里外。其工、乐、杂户及官户、奴，并太常音声人，虽移乡，各从本色。若群党共杀，止移下手者及头首之人。若死家无期以上亲，或先相去千里外，即习天文业已成，若妇人有犯及杀他人部曲、奴婢，并不在移限，违者徒二年。"②只是，《唐律》的规定更细密化；反观《晋令》的规定，《南史》所引之令应该是截取令文一部分而成，杀人父母乃死罪，若没有赦免绝无徙刑可言，故"徙之于二千里外"应该是遇赦而被减轻后的刑罚。

晋惠帝元康中就曾重新修订过令，《通典》卷34《职官十六·特进》有这样的记载："晋惠帝元康中定令，特进位次诸公，在开府、骠骑上，冠进贤两梁冠，黑介帻，五时朝服，佩水苍玉。"③而据《晋书·职官志》记载，"特进"，本是汉朝官职，仅是附加在原官上的一种尊荣而已，至晋初依然如此，具体品位待遇因人而异。武帝太康时期，"特进"逐渐有了较为固定的待遇，至惠帝元康时最终确定为二品及相关待遇。

晋泰始律令颁行于泰始四年（268年）正月，笔者梳理了《晋书》诸本纪和《礼》《职官》《舆服》《食货》《刑法》诸志及后世类书之散见记载，又参考了张鹏一、程树德两位先生所辑的《晋令》，就晋泰始令④制定以后，认

---

① 程树德：《九朝律考》，第269页。本条出自《南史·傅隆传》。原文为："旧令言杀人父母，徙之二千里外，……令亦云凡流徙者，同籍亲近欲相随者听之。"（北京：中华书局，1975年，第444页）看内容，似应为律之条文，傅隆所谓的"令"不知是指律而言，还是对此有单行之特别令规定呢？
② （唐）长孙无忌等撰，刘俊文点校：《唐律疏议》，第341—342页。
③ （唐）杜佑撰，王文锦等点校：《通典》卷34，第934页。《唐六典》卷2"吏部郎中"条注及《晋书·职官志》有相类似的记载。仁井田陞先生以之为晋代修订令典的事件。见[日]仁井田陞原著：《〈唐令拾遗〉序论》，《唐令拾遗》，栗劲等编译，第804页。
④ 据《晋书·武帝纪》，泰始律令颁布在晋武帝泰始四年正月丙戌，那么，在此之后的一些令内容的大变更都可能导致令典的重新修订。

为有可能导致晋令修订的情况罗列如下：

（晋武帝泰始四年）二月……罢中军将军，置北军中候官。（泰始七年）十二月……罢中领军，并北军中候。（《晋书·武帝纪》）①

今见之《晋令》有北军中候无中军将军。说明此令条非泰始原令内容。

（泰始四年）四月……罢振威、扬威护军官，置左右积弩将军。（《晋书·武帝纪》）②

今见之《晋令》有左右积弩将军，无振威、扬威护军官，说明此令条亦非泰始原令。

（泰始五年）六月……罢镇军将军，复置左右将军官。（《晋书·武帝纪》）③

今见之《晋令》有镇军将军，无左右将军官，应是后世修令时又改回了泰始原令之规定。

（泰始八年）四月，置后将军，以备四军。（《晋书·武帝纪》）④

今见之《晋令》有后将军，说明此令条亦非泰始原令。

（泰始九年）罢五官左右中郎将、弘训太仆、卫尉、大长秋等官。（《晋书·武帝纪》）⑤

今见之《晋令》确实没有五官左右中郎将、弘训太仆，但卫尉尚在，据《晋书·职官志》："大长秋，皇后卿也，有后则置，无后则省"⑥，说明此令设置与否时有反复。

---

① 《晋书》卷3，第56、61页。
② 《晋书》卷3，第57页。
③ 《晋书》卷3，第59页。
④ 《晋书》卷3，第62页。
⑤ 《晋书》卷3，第63页。
⑥ 《晋书》卷24，第737页。

（晋武帝咸宁元年）六月……置太子詹事官。（《晋书·武帝纪》）①

今见之《晋令》有太子詹事官，说明此令条亦非泰始原令。

（咸宁二年）五月……立国子学。（《晋书·武帝纪》）②

今见之《晋令》有国子博士、国子祭酒及国子生的称谓，说明此令条亦非泰始原令。

（太康五年）六月，初置黄沙狱。（《晋书·武帝纪》）。③而《通典》卷37载晋《官品令》第六品中有"黄沙治书侍御史"④。《晋书·职官志》载有"黄沙狱治书侍御史"一人，掌诏狱及廷尉不当者皆治之。⑤《宋书·礼志》载有"黄沙治书侍御史"，银印，墨绶，朝服，法冠。⑥

今见之《晋令》有黄沙治书侍御史，说明此令条亦非泰始原令。

诸博士的设置。（《晋书·职官志》：晋初承魏制，置博士十九人。及咸宁四年……置国子祭酒、博士各一人……太常博士……掌引导乘舆。王公已下应追谥者，则博士议定之。⑦《宋书·礼志》：诸博士，给皂朝服，进贤两梁冠，佩水苍玉。⑧）

尚书之设。（《晋书·职官志》：晋置吏部、三公、客曹、驾部、屯田、度支六曹……太康中，有吏部、殿中及五兵、田曹、度支、左民为六曹尚书，又无驾部、三公、客曹。⑨）

这明显说明太康中此令条有改动，已非泰始原令。

（太康十年十一月）改诸王国相为内史。（《晋书·武帝纪》）⑩

---

① 《晋书》卷3，第65页。
② 《晋书》卷3，第66页。
③ 《晋书》卷3，第75页。
④ （唐）杜佑撰，王文锦等点校：《通典》，第1005页。
⑤ 《晋书》卷24，第738页。
⑥ 《宋书》卷18，北京：中华书局，1974年，第510页。
⑦ 《晋书》卷24，第736页。
⑧ 《宋书》卷18，第510页。
⑨ 《晋书》卷24，第731页。
⑩ 《晋书》卷3，第79页。

今见之《晋令》有黄沙治书侍御史,说明此令条亦非泰始原令。

　　太康十年,皇子三人为郡王,领四郡,为城皆五万户。(《北堂书钞》卷70引晋《官品令》)①

说明此令条定非泰始原令。

　　(太康五年秋七月)减天下户课三分之一……(太康六年八月)减百姓绵绢三分之一。(《晋书·武帝纪》)②

这理应是《户调令》规定之改动。

　　明帝太宁三年七月,始诏立北郊,未及建而帝崩。及成帝咸和八年正月,追述前旨,于覆舟山南立之。天郊则五帝之佐、日月、五星、二十八宿、文昌、北斗、三台、司命、轩辕、后土、太一、天一、太微、句陈、北极、雨师、雷电、司空、风伯、老人,凡六十二神也。地郊则五岳、四望、四海、四渎、五湖、五帝之佐、沂山、岳山、白山、霍山、医无闾山、蒋山、松江、会稽山、钱唐江、先农,凡四十四神也。江南诸小山,盖江左所立,犹如汉西京关中小水皆有祭秩也。(《晋书·礼志上》)③

这是晋代在祠制方面一次大的变动,我们拿《唐令拾遗·祠令》与上文相比对,会发现唐令不少令条明显应是晋代礼制、祠令的细化。④

　　汉魏故事无五等诸侯之制,公卿朝士服丧,亲疏各如其亲。新礼王公五等诸侯成国置卿者,及朝廷公孤之爵,皆傍亲绝期,而傍亲为之服斩衰,卿校位从大夫者皆绝缌。挚虞以为:"古者诸侯君临其国,臣诸父兄,今之诸侯未同于古。未同于古,则其尊未全,不宜便从绝

---

① (唐)虞世南编撰:《北堂书钞》卷70,第253页。
② 《晋书》卷3,第75—76页。
③ 《晋书》卷19,第584—585页。
④ 详见[日]仁井田陞原著:《唐令拾遗·祠令》,栗劲等编译,第60—122页。

期之制，而令傍亲服斩衰之重也。诸侯既然，则公孤之爵亦宜如旧。昔魏武帝建安中已曾表上，汉朝依古为制，事与古异，皆不施行，施行者著在魏科。大晋采以著令，宜定新礼皆如旧。"诏从之。（《晋书·礼志中》）①

（东晋元帝践祚）时琅邪王袭始受封，……为琅邪王郎中令。会袭薨，潭上疏求行终丧礼，曰："在三之义，礼有达制，近代已来，或随时降杀，宜一匡革，以敦于后。辄案令文，王侯之丧，官僚服斩，既葬而除。今国无继统，丧庭无主，臣实陋贱，不足当重，谬荷首任，礼宜终丧。"诏下博议。国子祭酒杜夷议："古者谅闇，三年不言。下及周世，税衰效命。春秋之时，天子诸侯既葬而除。此所谓三代损益，礼有不同。故三年之丧，由此而废。然则汉文之诏，合于随时，凡有国者，皆宜同也，非唯施于帝皇而已。案礼，殇与无后，降于成人。有后，既葬而除。今不得以无后之故而独不除也。愚以丁郎中应除衰麻，自宜主祭，以终三年。"太常贺循议："礼，天子诸侯俱以至尊临人，上下之义，君臣之礼，自古以来，其例一也。故礼盛则并全其重，礼杀则从其降。春秋之事，天子诸侯不行三年。至于臣为君服，亦宜以君为节，未有君除而臣服，君服而臣除者。今法令，诸侯卿相官属为君斩衰，既葬而除。以令文言之，明诸侯不以三年之丧与天子同可知也。君若遂服，则臣子轻重无应除者也。若当皆除，无一人独重之文。礼有摄主而无摄重，故大功之亲主人丧者，必为之再祭练祥，以大功之服，主人三年丧者也。苟谓诸侯与天子同制，国有嗣王，自不全服，而人主居丧，素服主祭，三年不摄吉事，以尊令制。若当远迹三代，令复旧典，不依法令者，则侯之服贵贱一例，亦不得唯一人论。"于是诏使除服，心丧三年。（《晋书·丁潭传》）②

---

① 《晋书》卷20，第631页。
② 《晋书》卷78，第2063—2064页。

上引文说明，下级为诸侯及长官服丧之制，在魏科中已有定制，被晋初定令时所采纳。新礼（估计是荀顗等人所定者）服制偏重，故挚虞觉得应该恢复原制，也就是晋令采纳的魏科之制。但我们从《丁潭传》记载可见，东晋之时，针对此制，朝臣议论依然不一。丧服之制，礼法所定的内容皆不多，但被历代人士视为最易纷争之地。长期主西晋礼仪修定事的挚虞就曾感慨："冠婚祭会诸吉礼，其制少变；至于《丧服》，世之要用，而特易失旨。故子张疑高宗谅阴三年，子思不听其子服出母，子游谓异父昆弟大功，而子夏谓之齐衰，及孔子没而门人疑于所服。此等皆明达习礼，仰读周典，俯师仲尼，渐渍圣训，讲肆积年，及遇丧事，犹尚若此，明丧礼易惑，不可不详也。"但谈何容易，所以"《丧服》一卷，卷不盈握，而争说纷然"①。

又制户调之式：丁男之户，岁输绢三匹，绵三斤，女及次丁男为户者半输。其诸边郡或三分之二，远者三分之一。夷人输賨布，户一匹，远者或一丈。男子一人占田七十亩，女子三十亩。其外丁男课田五十亩，丁女二十亩，次丁男半之，女则不课。男女年十六已上至六十为正丁，十五已下至十三、六十一已上至六十五为次丁，十二已下六十六已上为老小，不事。远夷不课田者输义米，户三斛，远者五斗，极远者输算钱，人二十八文。②其官品第一至于第九，各以贵贱占田，品第一者占五十顷，第二品四十五顷，第三品四十顷，第四品三十五顷，第五品三十顷，第六品二十五顷，第七品二十顷，第八品十五顷，第九品十顷。（《晋书·食货志》）③

这显然是《户调令》之令文，且《食货志》说是在平吴以后才颁布的，显然不是晋泰始令原令文。

又各以品之高卑荫其亲属，多者及九族，少者三世。宗室、国宾、先贤之后及士人子孙亦如之。而又得荫人以为衣食客及佃客，品第六已上

---

① 《晋书·礼志上》，第581页。
② 程树德《晋律考》以此前部分入《户调令》。
③ 《晋书》卷26，第790页。

得衣食客三人，第七第八品二人，第九品及举辇、迹禽、前驱、由基、强弩、司马、羽林郎、殿中冗从武贲、殿中武贲、持椎斧武骑武贲、持铩冗从武贲、命中武贲武骑一人。其应有佃客者，官品第一第二者佃客无过五十户，第三品十户，第四品七户，第五品五户，第六品三户，第七品二户，第八品第九品一户。（《晋书·食货志》）①

这显然应是《佃令》的令文，亦非晋泰始令原文。

及平吴之后，有司又奏："诏书'王公以国为家，京城不宜复有田宅。今未暇作诸国邸，当使城中有往来处，近郊有刍稿之田'。今可限之，国王公侯，京城得有一宅之处。近郊田，大国田十五顷，次国十顷，小国七顷。城内无宅城外有者，皆听留之。"（《晋书·食货志》）②

这条似乎应是《王公侯令》的令文，亦非晋泰始令之旧。

综上，面如此广且涉及很多令的变动，晋令不可能不作出修订。正如上文及引用资料中所言，晋令理应修订过，且不少如今可见的晋令文绝非泰始四年颁布的晋令原文。

表 3–3　两晋令典修订事项详表

在位皇帝	事发年份	事由	应属令篇	属泰始四年令否	属今见晋令否
晋武帝	泰始四年	罢中军将军，置北军中候官	官品令	否	是
晋武帝	泰始四年	罢振威、扬威护军官，置左右积弩将军	官品令	否	是
晋武帝	泰始五年	罢镇军将军，复置左右将军官	官品令	否	否
晋武帝	泰始七年	罢中领军，并北军中候	官品令	否	否
晋武帝	泰始八年	置后将军，以备四军	官品令	否	是

---

① 《晋书》卷26，第790—791页。
② 《晋书》卷26，第790页。

续表

在位皇帝	事发年份	事由	应属令篇	属泰始四年令否	属令见晋令否
晋武帝	泰始九年	罢五官左右中郎将、弘训太仆、卫尉、大长秋等官	官品令	否	前两者否，后两者是
晋武帝	咸宁元年	置太子詹事官	官品令	否	是
晋武帝	咸宁二年	立国子学	学令	否	是
晋武帝	咸宁四年	置国子祭酒、博士各一人；太常博士，掌引导乘舆；王公已下应追谥者，则博士议定之	学令；官品令	否	是
晋武帝	太康五年	初置黄沙狱（黄沙治书侍御史）	官品令	否	是
晋武帝	太康中	有吏部、殿中及五兵、田曹、度支、左民六曹。无驾部、三公、客曹	官品令	否	未见。晋尚书设置变动大①
晋武帝	太康十年	皇子三人为郡王，领四郡，为城皆五万户	官品令或王公侯令②	否	《北堂书钞》引晋《官品令》
晋武帝	太康五年	减天下户课三分之一	户调令	否	
晋武帝	太康六年	减百姓绵绢三分之一	户调令	否	
晋惠帝	元康中	特进位次诸公，在开府骠骑上	官品令	否	是
晋成帝	咸和八年	天郊、地郊祭祀诸神祇	祠令	否	
晋惠帝		下级为诸侯及长官服丧之制	丧葬令	否	
晋武帝	平吴之后	制户调之式	户调令	否	是
晋武帝	平吴之后	以品之高卑荫亲属及荫人为衣食客及佃客	佃令	否	是
晋武帝	平吴之后	王公侯营宅	王公侯令	否	推测是

从《晋书》诸志来看，东晋时，官品及官职设置等仍时有变动，因此，《晋令》应还有修订的必要与可能。因此，后人所能见，尤其是近人所收集的

---

① 《晋书·职官志》载：晋置吏部、三公、客曹、驾部、屯田、度支六曹，而无五兵。咸宁二年，省驾部尚书。四年，省一仆射，又置驾部尚书。太康中，有吏部、殿中及五兵、田曹、度支、左民为六曹尚书，又无驾部、三公、客曹。惠帝世又有右民尚书，止于六曹，不知此时省何曹也。及渡江，有吏部、祠部、五兵、左民、度支五尚书。祠部尚书常与右仆射通职，不恒置，以右仆射摄之，若右仆射阙，则以祠部尚书摄知右事（第731页）。

② 《北堂书钞》卷70说这是晋《官品令》的条文，笔者认为，封诸侯王之事似乎属于"王公侯令"更宜。不知孰是，存疑。

《晋令》佚文,原本属于泰始四年令者,不知能有几何?

第二节　晋令要篇①考述

一、《官品令》考述

显然,晋代的《官品令》取法的应是曹魏"九品官人之法"②的规定。据日本学者宫崎市定先生考证,"九品官人法"创于东汉献帝在位的最后一年——延康元年,明显是曹魏预取汉朝而代之的前奏,是想通过这一全新的选官制度来拉拢士族人物。所谓"九品",初始有两个意思,一指人的品性等级③,并非什么上上至下下的九等④;二指从第一品到第九品的官员级别。可能第一义为原始义⑤,却很难在现实政治中推行;后来则逐渐被第二义代替,其第一义反而日渐被淘汰不用。它被称为"九品中正制度"估计也是宋代以后的事。在汉代,官员的等级是以俸禄的多少来衡量的,有万石、中二千石、二千石至百石、斗食等之分。《后汉书·光武帝纪下》载:"(建武)二十六

---

① 程树德先生《晋律考》曾据《太平御览》卷634载东晋范宁之上疏文辑佚晋《假宁令》若干条,笔者初始以之与宋《天圣令·假宁令》对校,发现其惊人得相似。不由地感叹晋人的伟大。后阅日本仁井田陞先生所辑《唐令拾遗》,他说:"程树德在《九朝律考·晋律考下》中,将《太平御览》所引的《假宁令》作为晋令。由于《御览》在范宁启国子生假故事之后,未另起行而接着记载了《假宁令》,故虽初一看似为晋令,但实际上晋令中别有规定:根据前记《唐六典》与《唐职官表》记载的《假宁令》可知,此《假宁令》当是唐令乃至袭用唐令的宋初(即《御览》成书的太平兴国年间)的令。"所论极是。详见[日]仁井田陞原著:《唐令拾遗》,栗劲等编译,第662页。

② 《三国志·魏书·陈群传》载:"制九品官人之法,群所建也。"(第635页)

③ 《晋书·邓攸传》言其"举灼然二品"(第2338页)。说明,品性等级也是从一至九地排列;而非上上至下下地排列。

④ 宫崎市定已经指出,把"九品"理解为"上上至下下"九等,是元代胡三省《资治通鉴》注(卷6"黄初元年"条)的误解。[日]宫崎市定:《九品官人法研究——科举前史》,韩昇、刘建英译,第55页。

⑤ 岳珂《愧郯录》卷10言:"九品为人品之别,而非官品。"(宋)岳珂撰,朗润点校:《愧郯录》,北京:中华书局,2016年,第125页。

年〔春〕正月，诏有司增百官奉。"注引《续汉志》曰："大将军、三公奉月三百五十斛，秩中二千石奉月百八十斛，二千石月百二十斛，比二千石月百斛，千石月九十斛，比千石月八十斛，六百石月七十斛，比六百石月五十五斛，四百石月五十斛，比四百石月四十五斛，三百石月四十斛，比三百石月三十七斛，二百石月三十斛，比二百石月二十七斛，百石月十六斛，斗食月十一斛，佐史月八斛。凡诸受奉，钱谷各半。"①可见，后汉官员有十七级之分。进入曹魏后，在俸秩等级之外，又附加了一品到九品的官品等级。以后，梁代虽然有"十八班"之分，但"九品之制不废"②；陈依然是"九品制"；北魏则创立了"正从"制度，官品依次为正一品至从九品共十八等；北周官品依次为正九命、九命至正一命、一命，亦为十八等；隋创流内、视流内官品制度，流内官制度仿北魏，别官视同流内官者单列。③这就说明，"九品"之制后世未废，至清末一直未有大改动，实行了一千七百多年。④

那么，从延康元年（220年）至魏明帝曹叡改律令的太和、青龙年间（227—237年），又过去了十几年，"九品官人法"已经成为当道之制，制定《官品令》的时机已经成熟。故笔者推测，曹魏令的《尚书官令》里很可能就有《官品令》存在，而且它还应该是《尚书官令》中最核心的部分。而《官品令》的修定程序估计就是把陈群制定的"九品官人之法"由特别法修整变为令典的一部分而已，工作量应该不太大。既然有了选官之法，那么官员任职与升迁如何进行呢？于是就有"考课"的必要，随后就有"景初中，（刘劭）受诏作《都官考课》"⑤之事。所以，"考课令"尚不包括在已颁布的《魏令》之中，此后的晋、梁令篇中也未见其目，是否夹杂在杂令之中或附在某令之后呢？更可能的是其成为单行的法令，辅助令典的行用。至隋代，新的选官制度——科举制度出台后，"中正制度"被逐渐废弃，"悉废汉以来州郡辟署僚

---

① 《后汉书》卷1下，第77页。
② （唐）杜佑撰，王文锦等点校：《通典》卷37《职官十九》，第1022页。
③ 详见（唐）杜佑撰，王文锦等点校：《通典》卷37、38、39《职官十九、二十、二十一》，第1003—1092页。
④ ［日］宫崎市定：《九品官人法研究——科举前史》，韩昇、刘建英译，第57页。
⑤ 《三国志·魏书·刘劭传》，第619页。

佐之制，改归吏部铨授，乃中国政治史上中央集权之一大变革也"①。但是，"九品"任官之法仍然存在，同时，"考课"之法更突显出其合理性，因而得以保留，并单独成篇，列入令典之中。

观张鹏一、程树德二先生所辑的《晋官品令》令文，我们知道，其内容主要是罗列第一品至第九品包括的官员及其相关问题的。这一范式被后世令典所继承。我们现在翻看《隋书·礼仪志六》所罗列的夹杂了梁、陈《官品令》的隋《官品令》与仁井田陞先生所辑《唐令拾遗·官品令》，其时官职跟魏晋相比，已有翻天覆地的变化，但其设官分职的主旨仍遵魏晋而未改。笔者认为，创设《官品令》这一功绩应该记在曹魏君臣头上。

下面列几条晋《官品令》与后世之相关令条来作一比照：

1. 辅国将军第三品（《唐六典》卷五引《官品令》）。
2. 游击将军第四品（《唐六典》卷五引《官品令》）。
3. 晋承汉；置五校尉②，为宿卫军，各领千军。晋初诸王起家多为之（《北堂书钞》卷六十一引《晋令》）。
4. 治书令史，掌威仪禁令，受写书缣帛笔墨（宋苏易简《文房四宝》引《晋令》）。
5. 县千户已上、州郡治五百已上，皆为令。不满此为长也（《北堂书钞》卷七十八引《晋令》）。
6. 詹事品第三，旧视中领事军（《北堂书钞》卷六十五引《晋令》）。
7. 九品皆正无从，故以第八品准古下士令。诸去官者从故官之品；其除名，不得从例（《魏书·礼志》引《晋官品令》；《通典》卷九十引《晋令》）。
8. 第一第二品有四妾，第三第四有三妾，第五第六有二妾，第七第

---

① 陈寅恪：《隋唐制度渊源略论稿》，第85页。
② 《晋书·职官志》：屯骑、步兵、越骑、长水、射声等校尉，是为五校。（第741页）它们都属于"第四品"官。

八有一妾（《魏书·礼志》引《晋官品令》）。①

这些都是散见于各书并明言是《晋官品令》者，估计大部分条文也是下文《关市令》部分注中所引孟彦弘先生之说：皆是撮合大意为之，很难说就是《晋官品令》的原文。至于《通典》中保留的《晋官品令》职位表，跟后世主旨差别不大，文多故不载。

《唐令拾遗·官品令》相关条文

  1. 正二品　辅国大将军。
  2. 从五品　游骑将军（武散）。
  3. 正三品　太子詹事。②

唐令跟上述晋令相关者仅有以上三条。除太子詹事官品未变化外，辅国将军因为变为辅国大将军而官品上升，游击将军因为成为武官散职而级别锐降。至于"五校尉"，因为宿卫军名称的改变而已被废止。至于"令史"，在唐代流内官部分似乎未见，流外官中则甚多，如尚书、中书、门下省、御史台令史，秘书、殿中、内侍省令史，尚书、中书、门下省、御史台书令史，太子詹事令史，太子内书令史等等。正如学界通识认为：令史，汉代尚书属下，居侍郎之下，做文秘工作，历代皆是如此。隋唐以后，成为三省、六部及御史台低级事务员之称，不参官品。至明代废除。县长县令既然以户口多寡来区别，那么，随着户口的增减，各代会有变化。晋代官品只有九品九种，而至唐代已有正从、流内流外之分。至于官员纳妾多寡，至唐代应该被划入礼的管辖范围，《官品令》中已不再提及。

二、《户令》《户调令》考述

我国古代的户籍制度产生很早，《周礼》"大司徒"职"掌建邦之土地之

---

① 上引《晋官品令》皆见张鹏一编著，徐清廉校补：《晋令辑存》，西安：三秦出版社，1989年，第52—53页。

② ［日］仁井田陞原著：《唐令拾遗》，栗劲等编译，第2、4、3页。

图与其人民之数","小司徒"职之一是"均土地以稽其人民而周知其数","司民"掌"登万民之数,自生齿以上皆书于版,辨其国中与其都鄙及其郊野,异其男女,岁登下其死生。及三年大比,以万民之数诏司寇。司寇及孟冬祀司民之日献其数于王,王拜受之,登于天府。内史、司会、冢宰贰之,以赞王治。"①《管子·度地》:"常以秋岁末之时,阅其民,案家人比地,定什伍口数,别男女大小。"②《商君书·境内》:"四境之内,丈夫女子皆有名于上,(生)者著,死者削。"《商君书·去强》:"举民众口数,生者著,死者削。"③在《睡虎地秦墓竹简》"编年记"中也有墓主人喜傅籍的记载:"今元年,喜傅。"④至迟到战国时期,随着"封建制"被"郡县制"所取代,"编户齐民"制度也被诸国先后采用。秦汉之时,此制度已成为封建国家最重要的牧民政策。晋令中的"户令""户调令"无疑是总结自战国以来户籍、赋役等制度而成。

晋《户令》辑佚条文

1. 无子而养人子以续亡者,后于事役复除无回避者听之,不得过一人(《通典》六十九"东晋养兄弟子为后,后自生子议"条廷史陈序引令)。⑤

2. 养人子男,后自有子男,及阉人非亲者,皆别为户(《通典》卷六十九,"东晋养兄弟子为后,后自生子议"条廷史陈序⑥上疏引《晋令》)。

3. 郡国诸户口黄籍,籍皆用一尺二寸札,已在官役者,载名(《太平御览》卷六〇六引《晋令》)。⑦

---

① (清)孙诒让撰,王文锦、陈玉霞点校:《周礼正义》,第689、779、2833—2834页。
② 黎翔凤撰,梁运华整理:《管子校注》,第1059页。
③ 蒋礼鸿:《商君书锥指》,第114、32页。
④ 睡虎地秦墓竹简整理小组编:《睡虎地秦墓竹简》,第6页。
⑤ 程树德以此条入《晋复除令》,有望文生义之嫌。见《九朝律考》,第302页。
⑥ 程树德辑《晋户令》以为"杜瑗",误。见《九朝律考》,第302页。
⑦ 张鹏一《晋令辑存》所辑《晋户令》条文较多,大多没有注明出处,多是作者的推测(第7—22页)。此处所引《晋户令》条文多从程树德说。参(唐)杜佑撰,王文锦等点校:《通典》卷69,第1913页。

晋《户调令》辑佚条文

1. 丁男之户，岁输绢三匹，绵三斤。女及次丁男为户者半，输其诸边郡或三分之二，远者三分之一。夷人输賨布户一匹，远者或一丈。男子一人占田七十亩，女子三十亩，其外丁男课田五十亩，丁女二十亩，次丁男半之，女则不课。男女年十六已上、至六十为正丁，十五已下至十三、六十一已上至六十五为次丁，十二已下六十六已上为老小，不事。远夷不课田者，输义米户三斛，远者五斗，极远者输算钱，人二十八文（《晋书·食货志》引晋《户调式》）。

2. 赵郡、中山、常山国输缣当绢者、及余处常输疏布当绵绢者，缣一匹当绢六丈，疏布一匹当绢一匹，绢一匹当绵三斤（《初学记》卷二十七引《晋令》）。

3. 旧制：民间所织绢、布，皆幅广二尺二寸，长四十尺为一匹，六十尺为一端，令任服用。后乃渐至滥恶，不依尺度（《魏书·食货志》引《晋令》）。①

4. 上党及平阳输上麻二十二斤，下麻三十六斤，当绢一匹，课应用者枲麻加半亩。（《太平御览》卷九百九十五引《晋令》）

5. 夷其民守护槵皮者，一身不输之（《太平御览》卷九百五十九引《晋令》；《艺文类聚》卷八十九引《晋令》，"夷其民"为"其夷民"，无"之"字）。②

晋令前有《户令》，后又有《户调令》，文意相交叉，今存者甚少。与后世相关令篇比照，笔者认为张鹏一、程树德二先生所辑的这 5 条令，都应该属于"调"而非"户"的部分。《户调令》，在梁代仍存，至隋代，户与调分离，成了《户令》与《赋役令》两令。

---

① 此条晋令，《初学记》与《魏书》应引自同一渊源，《初学记》的引文明显有误，且为避唐太宗讳，改"民"为"人"，应从《魏书》引文为长。

② 张鹏一编著，徐清廉校补：《晋令辑存》，第134—138页，与上引文略有不同；程树德：《九朝律考》，第301—302页。

《唐令拾遗·户令》相关条文

仁井田陞先生复原的唐《户令》，有48条之多。与上述晋《户令》相关者如下：

1. 诸无子者，听养同宗于昭穆相当者。①
2. 诸户欲析出口为户，及首附口为户者，非成丁，皆不合析。应分者，不用此令。
3. 诸三年一造户籍，起正月毕三月，一留县，一送州，一送户部。所须纸笔装潢轴帙，皆出当户内，口别一钱。○州亦注手实及籍。
4. 甲、户籍，州县留五比，尚书省留三比。
   乙、州县之籍，恒留五比，省籍留九比。
   丙、户籍，常留三比在州县，五比送省。②

《宋令·户令》相关条文

1. 诸无子孙，听养同宗昭穆相当者为子孙。（《名公书判清明集·户婚门·立继类》引宋《户令》）

《唐令拾遗·赋役令》相关条文

仁井田陞先生复原的唐《赋役令》，有27条。与上述晋《户调令》相关者如下：

1. 诸课户每丁租粟二石，其调绫、绢、絁、布，并随乡土所出。绫、绢、絁各二丈，布二丈五尺。输绫、绢、絁者，兼调绵三两。输布者，麻

---

① 估计这条应是唐令文全文。《宋刑统》附《户令》、《宋天圣令》、《名公书判清明集·户婚门·立继类》引宋《户令》、《金泰和户令》几同。宋傅霖《刑统赋解》"继养恩轻于本主"解引《户令》："若无子，听养同宗昭穆相当者，若舍去者徒三年。其养父有子，本父无子，愿还者听。"笔者认为，"若舍去者徒三年"之后部分，乃是揉合《宋刑统·户婚律》"诸养子，所养父母无子而舍去者，徒二年。若自生子即本生无子，欲还者，听之"之律意而成，绝非令文，令文中不可能附带有罚则，且"舍去者"的刑罚是徒二年而非三年。仁井田陞先生引此文说皆为《户令》文，不确。见[日]仁井田陞原著：《唐令拾遗》，栗劲等编译，第142页。

② 上引唐令皆见[日]仁井田陞原著：《唐令拾遗》，栗劲等编译，第141—153页。第4条，因仁井田陞先生有三种说法，故全录于此。

三斤。布、帛皆阔尺八寸、长四丈为匹,布五丈为端,绵六两为屯,丝五两为绚,麻三斤为綟。若当户不成匹、端、屯、綟者,皆随近合成。其调麻每年支料,有余折一斤输粟一斗,与租同受。其江南诸州租,并回造纳布(武德令、开元七年令、二十五年令)。

2. 其调,皆书印(开元七年令)。①

《宋天圣令②·赋役令》相关条文

1. 诸税户并随乡土所出,绅、绝、布等若当户不成匹端者,皆随近合成。并于布帛两头各令户人具注州县乡里、户主姓名及某年月、某色税物。受讫,以本司本印印记之。其许以零税纳钱者,从别敕。

2. 诸贮米处,折粟一斛,输米六斗。其杂折皆随土毛,准当乡时价。

3. 诸州税调庸配贮诸处,及回折租调,杂取余物者,送纳讫,并具帐申三司。

4. 诸州丰俭及损免,并每年附递申。

5. 诸边远州有夷獠杂类之所,应有输役者,随事斟量,不必同之华夏。③

无子得养子之规定,至迟汉代已有,后汉甚至允许宦官养子,曹操之父曹嵩正是宦官曹腾的养子。至魏晋,养子之令趋于严密。我们虽不知晋令中是否已如唐令所言"诸无子者,听养同宗于昭穆相当者",但起码习惯上已如此。《晋书·贾充传》载,贾充无子,他死后,其妻郭氏想以外孙韩谧为早去世的儿子立后,来为贾充继嗣,遂引发朝臣争议。郎中令韩咸、中尉曹轸议:"礼,大宗无后,以小宗支子后之,无异姓为后之文。"晋武帝还为此特下诏:

---

① 上引唐令皆见[日]仁井田陞原著:《唐令拾遗》,栗劲等编译,第588、595页。
② 本文所指的《天圣令》,是指由戴建国先生在宁波天一阁发现的宋《天圣令》残卷的整理本,即天一阁博物馆、中国社会科学院历史研究所天圣令整理课题组校证:《天一阁藏明钞本天圣令校证》,北京:中华书局,2006年。
③ 上引宋令皆见天一阁博物馆、中国社会科学院历史研究所天圣令整理课题组校证:《天一阁藏明钞本天圣令校证》,第390页。

"自非功如太宰,始封无后如太宰,所取必以己自出不①如太宰,皆不得以为比。"②就是说假若功劳没有贾充大,又不像贾充一样始封爵时即无子嗣,想立的后嗣又如贾充一样必须是自己的后代,这几个条件缺一不可,否则就别想仿效贾充的立后"故事"。说白了,就是说贾充立嗣事下不为例,因为光凭功劳一项就没人可及贾充,更不用说三者合一了。举这个例子,正可反证出立嗣问题在古代的重要性与严格性。唐宋令之规定应该渊源有自且很早。

赋税课调,晋代已有严格之规定。并且根据男女的不同、地方的远近、出产的物种不同而规定了有差别的户调品式,还对于一些因环境、战争等原因导致物产不丰的地区给予减免赋税的优待。可谓考虑周全,既有通盘的计划,同时又兼顾到一些特殊情况,给予区别对待。可见,晋令的立法水准已经非常之高。经由南北朝至隋唐,我国古代的赋役制度进一步完善周备,"租庸调制"也得以形成。

三、《服制令》③考述

晋《服制令》辑佚条文

1. 冠十三品(《南齐书·舆服志》引晋《服制令》)。
2. 婕妤,银印青绶,佩珠瑛玉(《太平御览》卷一百四十四引晋《服制令》)。
3. 皇太子给五时朝服,远游冠(《隋书·礼仪志》引《晋令》)。
4. 皇太子诸王给远游冠(《隋书·礼仪志》引《晋令》)。
5. 皇太子及妃诸王纁(《初学记》作玄)朱绶;郡公主朱绶,郡侯青朱绶(《太平御览》卷六百八十二引《晋令》)。

---

① "不"字衍,参《晋书》卷40,第1183页注3。
② 《晋书》卷40,第1171页。
③ 关于此部分的令文,张鹏一先生书中引散见于诸类书中的令文甚少,反而是把许多基于推测的所谓"令文"内容放于此处,殊属难解。故笔者本处所引多从程树德先生辑佚之令文。

6. 皇太子妃佩瑜玉。诸王郡公、太宰、太傅、太保、司空、诸长公主、诸王世子、大司马、大将军、太尉佩玄玉(《太平御览》卷六百九十二引《晋令》)。

7. 郡公侯太夫人、夫人,银印青绶,佩水苍玉(《唐六典》卷二注引《晋令》)。

8. 三贵人,曲盖;九嫔,直盖,皆信幡(《唐六典》卷十二注引《晋令》)。

9. 旄头羽林,著韦腰襦(《太平御览》卷六①百九十五引《晋令》)。

10. 第一品已下,不得服罗绮(《太平御览》卷八百十六引《晋令》)。②

11. 第三品已下,得服杂杯(？)之绮;第六品已下,得服七綵绮(《太平御览》卷八百十六引《晋令》)。

12. 第六品已下,不(《初学记》引无不字)得服罗绮(《太平御览》卷八百十六引《晋令》;《初学记》卷二十七引《晋令》)。

13. 第六品已不得服今缜绫锦,有私织者,录付尚方(《艺文类聚》卷八十五引《晋令》。按"已"字下疑脱"下"字)。

14. 六品已下,得服金钗以蔽髻(《太平御览》卷七百十八引《晋令》)。

15. 第七品已下始服金钗,第三品已上蔽结爵钗(《北堂书钞》卷一百三十六引《晋令》)。

16. 步摇蔽髻,皆为禁物(《太平御览》卷七百十五引《晋令》)。

17. 山鹿、白豹(？)、游毛狐、白貂领、黄貂班、白麝子、渠搜国裘,皆禁服也(《太平御览》卷六百九十四引《晋令》;《初学记》卷二十六引《晋令》,"禁服"作"禁物")。

18. 织成衣为禁物(《太平御览》卷八百十六引《晋令》)。

19. 锦帐为禁物(《太平御览》卷六百九十九引《晋令》)。

---

① 程树德《晋律考》误"六"为"三",张鹏一《晋令辑存》是。见程树德:《九朝律考》,第300页;张鹏一编著,徐清廉校补:《晋令辑存》,105页。

② 此条程树德《晋律考》未列。

20. 士卒百工，履色无过绿青白，婢履色无过红青。古①佸卖者，皆当著巾帖额，题所绘卖者及姓名，一足著黑履，一足著白履（《太平御览》卷六百九十七及八百二十八引《晋令》；《初学记》卷二十六引晋令，"婢"前有"奴"字；"红青"作"纯青"）。

21. 士卒百工不②得著假髻（《太平御览》卷七百一十五引《晋令》）。

22. 士卒百工，不得服真珠珰珥（《太平御览》卷八百零二引《晋令》；《北堂书钞》卷一百三十五引《晋令》）。

23. 士卒百工，不得服犀玳瑁（《太平御览》卷八百零七引《晋令③》）。

24. 士卒百工，不得服越叠（《太平御览》卷八百二十引《晋令》）。

25. 百工不得服大绛紫襈、假髻、真珠珰珥、文犀瑇瑁、越叠以饰路张乘犊车（《太平御览》卷七百七十五引《晋令》）。

26. 女奴不得服银④钗（《太平御览》卷七百十八引《晋令》）。

27. 朝服皂缘⑤中单衣（《太平御览》卷六百九十一引《晋令》）。

28. 元帝时有奏太极殿施绛帐。帝诏曰：汉文以上书皂囊为帷。冬可青布，夏青疏（《太平御览》卷六百九十九引《晋令》⑥）。⑦

《唐令拾遗·衣服令》相关条文

1. 皇太子服。衮冕，垂白珠九旒，以组为缨，色如其绶，青纩充耳，犀簪导，玄衣纁裳九章，每章一行，重以为等，每行九（五章在衣，龙山华虫火宗彝，四章在裳，藻粉米黼黻，织成为之），白纱中单，黼领青褾

---

① 程树德误"古"为"市"，遂使文意大变。查《太平御览》与《初学记》，皆为"古"字。笔者认为，"古"以下的文字与前文相较，似乎不是令文，而是古人的解释，类于"律说"。

② 程树德误"不"为"都"，文意大变。见《九朝律考》，第301页。

③《太平御览》卷807，晋命曰："士卒百工，不得服犀玳瑁。"比对上引别的晋令文，"晋命"应为"晋令"之讹。

④ 程树德误"银"为"金"。见《九朝律考》，第301页。

⑤ 程树德误"缘"为"绿"。该字在《太平御览》中不太清晰，右下为"豕"，查字典，看结构，审文意，可能唯"缘"一字合契。见《九朝律考》，第301页。

⑥ 本条，《太平御览》引说是"晋令"，可不论从哪一方面来讲，都不类令文，存疑。

⑦ 上引参程树德：《九朝律考》，第299—301页。

襈裾，革带，金钩䚢，大带（素带不朱里，亦纯以朱绿，纽约用组），黻（随裳色，火山二章），王具剑（金宝饰），玉镖首，瑜玉双佩，朱组双大绶，四彩赤白缥绀，纯朱质，长一丈八尺，三百三十首，广九寸（小双绶，长二尺六寸，色同大绶，而首半之，间施二玉环）。朱韤，赤舄（舄加金饰），侍从祭祀及谒庙、加元服、纳妃，则服之（武德令、开元七年令、开元二十五年令）。

2. 诸佩，一品佩山玄玉，二品以下、五品以上佩水苍玉。

《晋官品令》：司马，官品第一，武冠，绛朝服，佩山玄玉。①

《晋令》：侍中，品第三，武冠，绛朝服，佩水苍玉。②

《晋令》：散骑常侍，品第三，冠右貂金蝉，绛朝服，佩水苍玉。③

《晋官品令》：太子太师，佩水苍玉。④

3. 诸文官七品以上朝服者，簪白笔，武官及爵，则不簪。

4. 黑介帻，簪导，深衣，青襟领，革带，乌皮履。未冠，则双童髻，空顶黑介帻，去革带。国子、太学、四门学生，参见则服之。书、算学生，州、县学生，则乌纱帽，白裙襦，青领。

5. 六品七品着绿，八品九品着青。○〔乾封〕九品以上朝参及视事，听服黄。⑤

6. 诸王公以下及妇人服饰等级，上得兼下，下不得僭上。⑥

---

① 《北堂书钞》卷51《大司马》引《晋官品令》。
② 《唐六典》卷8"侍中"条注引《晋令》。此处《晋令》显应为《官品令》。
③ 《唐六典》卷8"左散骑常侍"条注引《晋令》。此处《晋令》显应为《官品令》。
④ 《北堂书钞》卷65《太子太师》引《晋官品令》。
⑤ 依体例，《唐令》本条之前，理应有规定一品至五品应该穿何色衣服的条文，惜今不存。《唐会要·舆服上·章服品第》："上元元年八月二十一日敕，一品已下文官并带手巾、算袋、刀子、砺石，其武官欲带者亦听之。文武三品已上服紫，金玉带十三銙，四品服深绯，金带十一銙，五品服浅绯，金带十銙，六品服深绿，七品服浅绿，并银带九銙，八品服深青，九品服浅青，并鍮石带九銙。庶人服黄铜铁带七銙。前令九品已上朝参及视事，听服黄，以洛阳县尉柳延服黄夜行，为部人所殴，上闻之，以章服紊乱，故以此诏申明之。朝参行列，一切不得着黄也。"〔（宋）王溥撰：《唐会要》，北京：中华书局，1955年，第569页〕此诏对各品级官员的官服颜色都有规定，不知对一至五品官员的服色是依准原令规定还是依此诏运行？
⑥ 上引唐令皆见［日］仁井田陞原著：《唐令拾遗》，栗劲等编译，第335—399页。

对比晋、唐两代《服制令》与《衣服令》的区别，我们会发现以下问题：一、晋令的规定，尤其对于下级官吏及庶人，用否定、禁止性的语词较多，"不得""无过""禁物"成为习语，禁忌过多而失于琐碎，难以尽从；而唐令则更多采用例举的方式，从皇帝、皇太子至九品下员，从皇后、皇太子妃到一般命妇，国子学、县学等学生及庶人甚至奴仆等，无所不包，最后以"上得兼下，下不得僭上"之通则性规定总结殿尾：不论是从人们遵守法则的心理而言，还是就立法成熟性的视角来审视，都更胜晋令一筹。二、晋代的《官品令》中的一些规定到了隋唐，成了《衣服令》中的一部分。这既说明了晋令的内容得到了承继，又体现出后世令尤其是隋唐令在编纂方面取得了长足的进步。我们对比晋、唐《官品令》即可看出，《唐令》比《晋令》更洗练，仅规定官品问题，不夹杂其他；这个特点在其他令中也可看到，实乃唐令编纂的一大特色。《晋令》则不然，正如上文所引《官品令》条文显示的那样，与"官品"令无关的配饰方面的规定也夹杂其中。

四、《关市令》考述

《关市》之令，主要是关津通行与市场规则方面的法规，这一法令产生应很早。

晋《关市令》辑佚条文

1. 诸度关及乘船筏上下经津者，皆有〔过〕所①，写一通付关吏（《太平御览》卷五百九十八引《晋令》）。②

---

① 仁井田陞《唐令拾遗》引此条晋令，据内藤湖南之说补一"过"字（见[日]内藤湖南：《关于三井寺所藏唐"过所"》，纪念桑原博士六十寿辰《东洋史论丛》，第1327页）。详见[日]仁井田陞原著：《唐令拾遗》，栗劲等编译，第642页注1。
② 孟彦弘先生认为，正如下文所引《唐令拾遗》据《倭名类聚抄》所引的"《唐令》云，诸度关津及乘船筏上下经津者，皆当有过所"。将此复原为开元二十五年《令》，狩谷掖斋《笺注》引"本朝《关市令》云，凡欲度关者，皆经本部本司请过所。又云，若船筏经关过者，亦请过所"。狩谷掖斋所引本朝《关市令》中的两句，是《养老令》第一条中最末两句的原文，但《倭名类聚抄》所引"《唐令》云"，则是撮取大意，非全文原文；因为令文原文不会说"当有过所"。此条与《太平御览》所引《晋令》大致相同，但《晋令》落脚点是在"写一通付关吏"。所以，此条并非《唐令》原文。见《唐关市令复原研究》，天一阁博物馆、中国社会科学院历史研究所天圣令整理课题组校证：《天一阁藏明钞本天圣令校证》，第527页。依他的意思，本条《晋令》非原文，乃大意而已。

2. 诸津渡二十四所，各置监津吏一人（《唐六典》卷二十三引《晋令》）。

3. 坐卢肆①者，皆不得宿肆上（《太平御览》卷八百二十八引《晋令》）。

4. 欲作漆器物卖者，各先移主吏者名乃得作，皆当淳漆著布骨，器成，以朱题年月姓名（《太平御览》卷七百五十六引《晋令》）。

前两条是津关方面的规定；后两条则为市场交易方面的法令。

《唐令拾遗·关市令》相关条文

仁井田陞先生复原的唐《关市令》，有14条。与上述晋关市令3条相关者如下：

第1条，仁井田陞复原有两个版本：

1. 甲、诸度关者，先经本部本司请过所。在京则省给之，在外州给之。虽非所部，有来文者，所在给之（开元七年令）。

乙、诸度关、津及乘船筏上下，经津者，皆当有过所（开元二十五年令）。②

2. 依《令》，各依先后而度（开元二十五年令）。

凡行人出入关、津者，皆以人到为先后，不得停拥（《日本养老关市令》第2条）。

3. 诸兵马出关者，依本司连写敕符勘度。入关者，据部领兵将文帐检入（开元二十五年令）。③

---

① 程树德作"使"，显误。见《九朝律考》，第302页。
② 笔者按：仁井田陞先生根据《日本养老关市令》第1条（"凡欲度关者，皆经本部本司请过所。官司检勘，然后判给。还者，连来文申牒勘给。若于来文外更须附者，验实听之。日月总连为案。若已得过所，有故卅日不去者，将旧过所申牒改给。若在路有故者，申随近国司，具状过关。虽非所部，有来文亦给。若船筏经关过者，亦请过所"）的规定，认为这两条其实应该是一条文的两部分，并非两条条文。详见[日]仁井田陞原著：《唐令拾遗》，栗劲等编译，第641—642页。
③ 比照下引《宋天圣令·关市令》，本条绝非《唐关市令》第3条，很可能与宋令一样，就是第5条。

4. 诸市,以日午击鼓三百声,而众以会,日入前七刻,击钲三百声,而众以散(开元七年令)。

5. 诸市,每肆立标,题行名。○依《令》,每月旬别三等估(开元七年、二十五年令)。

6. 诸其造弓矢、长刀,官为立样,仍题工人姓名,然后听鬻之。诸器物亦如之(开元七年令)。①

宋《天圣令·关市令》相关条文

天圣令所见的宋《关市令》,条文有18条。与上述晋关市令3条相关者如下:

1. 诸欲度关者,皆经当处官司请过所,(今日公凭。下皆准此。)具注姓名、年纪及马牛骡驴牝牡、毛色、齿岁,判给。还者,连来文申牒勘给。若于来文外更须附者,验实听之。日别总连为案。若已得过所,有故不去者,连旧过所申纳。若在路有故者,经随近官司申牒改给,具状牒关。若船筏经关过者,亦请过所。

2. 诸行人度关者,关司一处勘过,皆以人到为先后,不得停拥。虽废务日,亦不在停限。若津梁阻关须两处勘度者,两处关司覆验听过。其不依过所别向余关者,不得听其出入。

3. 诸行人赍过所及乘递马出入关者,关司勘过所,案记。其过所、驿券、递牒并付行人自随。

4. 诸乘递马度关者,关司勘听往还。若送囚度关者,(防援人亦准此。)其囚验递移听过。

5. 诸兵马出关者,但得本司连写敕符,即宜勘出。其入关者,据部领兵将文帐检入。若镇戍烽有警急事须告前所者,关司验镇戍烽文牒,即宜听过。

6. 诸蕃客初入京,本发遣州所过所,具姓名、年纪、颜状,牒所入

---

① 上引唐令皆见[日]仁井田陞原著:《唐令拾遗》,栗劲等编译,第641—648页。

关勘过所。有一物以上，关司共蕃客官人具录申所司；入一关以后，更不须检。如无关处，初经州镇亦准此。即出关日，客所得赐物及随身衣物，并申所属官司出过所。

7. 诸关门并日出开、日入闭。管钥，关司官长者执之。

8. 诸市四面不得侵占官道以为贾舍，每肆各标行名，市司每行准平货物时价为三等，旬别一申本司。

9. 诸造弓箭、横刀及鞍出卖者，并依官样，各令题凿造者贯属、姓名，州县官司察其行滥。剑及漆器之属亦题姓名。①

三朝的规定一比较，我们明显可看到其间的继承关系。罗振玉、王国维二先生在《流沙坠简补遗考释》中曾提到一个晋代的"过所"残片。内容如下：

十七　去三月一日，骑马诣元城收责，期行当还，不克期日，私行无过。

十八　违会不还，或安别牧私行籴买，无过所启信。各私从吏□。

十九　□右一人，属典客寄□纤钱佛屠中，自赍敦煌太守往还过。

二十　过所行治生。

二二　泰始五年十月戊午朔廿日丁丑敦煌太守都

二三　武威、西平、西郡、张掖、酒泉、敦□

二四　张夜、酒泉会十

二五　异年五十六，一名奴中人，发须仓白，著布。

二六　异年五十六，一名奴，发须仓白色。

二八　丑年十四，短小，同著布袴褶□。

二九　卅中人，黑色，大目，有髭须。

三十　月支国胡。

三一　月支国胡支柱，年卅九，中人，黑色。②

---

① 上引宋令皆见天一阁博物馆、中国社会科学院历史研究所天圣令整理课题组校证：《天一阁藏明钞本天圣令校证》，第404—405页。

② 罗振玉、王国维编著：《流沙坠简》，北京：中华书局，1993年，第263—267页。

根据简文，知道这是晋武帝泰始年间通行于敦煌附近的"过所"。据上引《唐令》，我们知道，过所"在京则省给之，在外州给之。虽非所部，有来文者，所在给之"。这一制度应该渊源有自。上引简十九与二十之间，要么衍一"过"字，要么字有讹误或漫漶不识之处，否则不宜明了。从上简可以看出，晋代颁发过所的程序已经是"在外，州给之"了，非至唐始然。

五、《狱官令》《鞭杖令》考述

晋《狱官令》辑佚条文

1. 狱屋皆当完固，厚其草蓐，切勿令漏湿（《北堂书钞》卷四十五引《晋令》）。

狱屋皆当完固，厚其草蓐，家人饷馈，狱卒为温暖传致，去家远，无饷馈者，悉给廪。狱卒作食，寒者与衣，疾者给医药（《太平御览》卷六百四十三引《晋令》）。①

2. 死罪，二械加拲②手（《太平御览》卷六百四十四引《晋令》）。
3. 钳重二斤，翘长一尺五寸（《太平御览》卷六百四十四引《晋律》）。
4. 徒着钳者刑竟，录输所送狱官（《太平御览》卷六百四十四引《晋令》）。

晋《鞭杖令》辑佚条文

1. 应得法杖者，以小杖，过五寸者稍行之，应杖而髀③有疮者缓臀④

---

① 两处引文不一致，但很难说《太平御览》引的就是该令全文。笔者认为，依文意，《北堂书钞》所引为一整条条文，文意周全；《太平御览》所引则明显是撮合两条为之，"家人饷馈"以下应为另一条令文。
② 程树德《九朝律考》作"拳"，显误。见《九朝律考》，第303页。
③ 张鹏一先生以为应为"体"之讹。见张鹏一编著，徐清廉校补：《晋令辑存》，第173页。
④ 沈家本《历代刑法考·刑法分考十四·杖》说，一本无"缓"字，固难解，"缓臀"二字亦费解，当有讹夺。《御览》六百五十引作"应受杖而体有疮者，督之也"，在"督"门内，此"臀"字疑"督"之讹。"髀"一本作"脾"，恐亦传写之讹。见（清）沈家本著，张全民点校：《历代刑法考》，北京：中国检察出版社，2003年，第72页。

也(《北堂书钞》卷四十五引《晋令》)。

应受杖而体有疮者,督之也(《太平御览》卷六百五十引《晋令》)。

2. 杖皆用荆,长六尺;制杖,大头围一寸,尾三分半(同上,引《晋令》)。

3. 应得法鞭者,执以鞭,过五十稍行之。有所督罪,皆随过大小,大过五十,小过二十。鞭皆用牛皮革廉成,法鞭生革去四廉,常鞭用熟靼,(之利反,柔革也)不去廉,作鸱头,纫长一尺一寸,鞘长二尺二寸,广三分,厚一分,柄皆长二尺五寸(《太平御览》卷六百四十九引《晋令》)。

鞭皆用牛皮生革廉成,法鞭生革去四廉(《北堂书钞》卷四十五引《晋令》)。

《唐令拾遗·狱官令》相关条文

仁井田陞先生复原的唐《狱官令》,有44条之多。与上述晋《狱官令》相关者如下:

1. 诸禁囚,死罪枷杻,妇人及流罪以下去杻,其杖罪散禁。年八十及十岁,并废疾、怀孕、侏儒之类,虽犯死罪,亦散禁(开元七年、开元二十五年令)。

2. 诸狱皆厚铺席荐,夏月置浆水,其囚每月一沐,其纸笔及酒、金刃、钱物、杵棒之类,并不得入(开元二十五年令)。

3. 诸狱囚有疾病,主司陈牒,长官亲验知实,给医药救疗,病重者,脱去枷、锁、杻,仍听家内一人入禁看侍。其有死者,若有他故,随状推断(开元二十五年令)。

4. 囚去家悬远绝饷者,官给衣粮,家人至日,依数征纳(开元二十五年令)。

5. 诸杖皆削去节目,长三尺五寸。讯囚杖,大头径三分二厘,小头二分二厘;常行杖,大头二分七厘,小头一分七厘;笞杖,大头二分,小头一分半。其决笞者,腿、臀分受;决杖者,背、腿、臀分受,须数等;

拷讯者亦同。笞以下愿背、腿均受者，听。即殿庭决者，皆背受（贞观令、开元七年令、开元二十五年令）。

6. 诸枷长五尺以上、六尺以下，颊长二尺五寸以上、六寸以下，共阔一尺四寸以上、六寸以下，径三寸以上、四寸以下。杻长一尺六寸以上、二尺以下，广三寸，厚一寸。钳重八两以上、一斤以下，长一尺以上、一尺五寸以下。锁长八尺以上、一丈二尺以下（开元七年令、开元二十五年令）。①

仁井田陞先生认为，《唐律疏议·断狱》"囚给衣食医药"条疏议："准《狱官令》：囚去家悬远绝饷者，官给衣粮，家人至日，依数征纳。囚有疾病，主司陈牒，请给医药救疗"，其所引的唐《狱官令》应该是两条令文混合在一起了，所见甚是，下文中所引天一阁发现的《天圣令·狱官令》正是两条。古人引书多以达意为主，未必完全恪守今天所谓的学术规范，这种现象较普遍。对比唐宋令文，再考虑到古人引文的这种方式，笔者认为，上文晋《狱官令》"死罪二械加拲手"一条，绝非该令条的全文。

宋《天圣令·狱官令》相关条文

《天圣令》所见的宋《狱官令》，条文竟有 59 条之多。与上述晋《狱官令》相关者如下：

1. 诸禁囚，死罪枷杻，妇人及流罪以下去杻，其杖罪散禁。若隐情拒讯者，从别敕。年八十以上、十岁以下及废疾、怀孕、侏儒之类，虽犯死罪，亦散禁。

2. 诸枷，大辟重二十五斤，徒、流（流、徒？）二十斤，杖罪一十五斤，各长五尺以上、六尺以下。颊长二尺五寸以上、六寸以下。共阔一尺四寸以上、六寸以下；径三寸以上、四寸以下。仍以干木为之，其长阔、轻重，刻志其上。杻长一尺六寸以上、二尺以下，广三寸，厚一寸。钳重八两以上、一斤以下，长一尺以上、一尺五寸以下。锁长八尺以上、

---

① 上引唐令皆见[日]仁井田陞原著：《唐令拾遗》，栗劲等编译，第715、724、725、727、729—730页。

一丈二尺以下。

3. 诸杖，皆削去节目。官杖长三尺五寸，大头阔不得过二寸，厚及小头径不得过九分。小杖长不得过四尺五寸，大头径六分，小头径五分。讯囚杖长同官杖，大头径三分二厘，小头径二分二厘。其官杖用火印为记，不得以筋、胶及诸物装钉。考讯者臀、腿分受。

4. 诸狱皆厚铺席荐，夏月置浆水。其囚每月一沐。其纸笔及酒、金刃、钱物、杵棒之类，并不得入。

5. 诸狱囚有疾病者，主司陈牒，长官亲验知实，给医药救疗，病重者脱去枷、锁、杻，仍听家内一人入禁看侍。（若职事、散官二品以上，听妇女、子孙内二人入侍。）其有死者，亦即同检，若有它故，随状推科。

6. 诸流人至配所，并给官粮，令其居作。其见囚绝饷者，亦给之。①

比照本部分的晋令及唐宋令，我们发现一个最大的问题就是，晋令中的《狱官令》与《鞭杖令》到了唐宋被合成了一篇——《狱官令》。

三朝的《狱官令》中，宋《狱官令》保存最全。我们发现它所包括的内容，大概涵盖今天法学所说的刑法与刑事诉讼方面的犯罪管辖制度、羁押制度、监狱管理制度、错案复核制度、刑讯制度及死刑执行制度等，还有一些是今天的法律所没法涵盖的。故对于习于用今天西化的法学理论去解释中国古代法律制度的我们而言，往往是心有余而力不足；或者说其意可悯，而结果却不太理想。

关于监狱内的必要设施必须齐备的规定在三代是一脉相承地得到了延续，体现了制度对犯罪者最低限度的人道关怀。而囚犯带"拲"这一方式产生很早。《汉书·刑法志》记载，《周官》："凡囚，'上罪梏拲而桎，中罪梏桎，下罪梏；王之同族拲，有爵者桎，以待弊。'"又说景帝后元三年下诏："高年老长，人所尊敬也；鳏寡不属逮者，人所哀怜也。其著令：年八十

---

① 上引宋令皆见天一阁博物馆、中国社会科学院历史研究所天圣令整理课题组校证：《天一阁藏明钞本天圣令校证》，第417—419页。

以上，八岁以下，及孕者未乳，师、朱儒当鞫系者，颂系之。"①这就说明，西汉时已经把它编入令集中了，而至晋代入《狱官令》，后世依然如此。

"钳重二斤，翘长一尺五寸。"《太平御览》说这是《晋律》律文，若其言可从的话，那么，到了唐宋，由它演变而来的条文则成了《狱官令》的令文。这可说是律转化为令的一个例子。不过，笔者认为，《太平御览》说的《晋律》之"律"乃"令"之讹的可能性应该更大，它本来就是晋《狱官令》的令文。

鞭督之刑，上引晋《鞭杖令》令文中，《北堂书钞》引作"有疮者，缓臀也"，《太平御览》则引作"体有疮者，督之也"，笔者赞同沈家本先生的说法，认为"臀"乃"督"形近而讹。《古今图书集成·祥刑典·鞭刑部》："魏明帝太和年间，定鞭督之令。"沈家本说，这事《三国志·魏书·明帝纪》没有记载，而《晋书·刑法志》载："魏明帝改士庶罚金之令，男听以罚金，妇人加笞还从鞭督之例，以其形体裸露故也。"②把"鞭督"与魏明帝连在了一起，但是，"玩其文意，似本有鞭督之例，妇人还从之，非明帝始创也，当再考"③。笔者认为，"魏明帝改士庶罚金之令，男听以罚金，妇人加笞还从鞭督之例，以其形体裸露故也"这句话，似乎有逻辑错误，页下注中已有对此话的臆测之说。说到底，鞭督之刑为何种刑罚，关键在于对"督"字的解释。一般而言，"督"就是监督、督查的意思。对此，沈家本曾做过很多推测，但皆无法真正解释"鞭督"之意。据《庄子·养生主》载："缘督以为经，可以保身，可以全生，可以养亲，可以尽年。"郭嵩焘说："船山云：'奇经八脉，

---

① 《汉书》卷23，第1106页。
② 《晋书》卷30，第922页。笔者认为，《晋书·刑法志》这句话可能有讹脱或舛误，遂使整句话存在逻辑错误，以致滞碍难读。依沈家本的说法，是魏明帝恢复了女人鞭督的刑罚，后文又说"以其形体裸露故也"，自然说明以前笞刑笞臀部，女人下体裸露故有伤风化，如今改为"鞭背"，只露出背部则相较可行。其实，这何尝不是有伤风化呢！笔者觉得，汉代有"女徒顾山"之刑，是为了照顾女性，变通使用罚金刑来取代真正的劳作山中，确属惠政。我们循着古代法律优恤妇女这一逻辑往下想，就会觉察到，此处"男听以罚金"，妇人反而"加笞还从鞭督之例"，实在不合情理与逻辑。是否可以如此来调整这句话："男加笞还从鞭督之例，妇人听以罚金，以其形体裸露故也。"纯属臆测，以备一说。
③ （清）沈家本著，张全民点校：《历代刑法考·刑法分考十四·鞭》，第393—394页。

以任督主呼吸之息，身前之中脉曰"任"，身后之中脉曰"督"。'"①《素问·骨空论》言："督脉者，起于少腹以下骨中央。"②《难经③·二十八难》言："督脉者，起于下极之俞，并于脊里，上至风府，入属于脑。"④那么，从中医学的角度来讲，"任"指的就是前胸；"督"指的就是后背⑤。因此，"鞭督"就是鞭背之刑。汉景帝"箠令"规定："当笞者笞臀。"如淳曰："然则先时笞背也。"⑥鞭刑在司法上的使用应该始于东汉明帝，《后汉纪·明帝纪》载："（永平三年）时诏赐降胡子缣。尚书案（素）事，误以十为百，上大怒，诏郎欲鞭之。……解衣就挞。上意解，皆原之。"⑦古时衣指上衣，裳指下裙。《诗·齐风·东方未明》："东方未明，颠倒衣裳。"《毛传》："上曰衣，下曰裳。"⑧那么，"解衣就挞"就是解开上衣，自然是指脊背就挞。该制在魏晋南北朝之时得到沿用，据上引《晋令》："应得法鞭者，执以鞭，过五十稍行之。有所督罪，皆随过大小，大过五十，小过二十。"此处的"督罪"应该是指应处以"督"刑也就是鞭刑之罪。至隋代，废鞭刑，有杖笞刑，杖重于笞，杖的部位仍然沿袭了鞭督之制，杖背。故才有了《新唐书·刑法志》所载："太宗尝览《明堂针灸图》，见人之五藏皆近背，针灸失所，则其害致死，叹曰：'夫箠者，五刑之轻；死者，人之所重。安得犯至轻之刑而或致死？'遂诏罪人无得鞭背。"⑨查唐代无鞭刑，此文所说的"鞭背"之"鞭"，应是惯用前代刑罚习称而言，鞭背其实即指杖背，之后可能就改成了杖（鞭）

---

① 陈鼓应注译：《庄子今注今译》，北京：中华书局，1983年，第94—95页。
② 龙伯坚编著，龙式昭整理：《黄帝内经集解》，天津：天津科学技术出版社，2004年，第742页。
③ 原名《八十一难经》，传说为战国时秦越人（扁鹊）所作。以问答解释疑难的形式编撰而成，共讨论了八十一个问题，故又称《八十一难经》，全书所述以基础理论为主，还分析了一些病证。其中一至二十二难为脉学，二十三至二十九难为经络，三十至四十七难为脏腑，四十八至六十一难为疾病，六十二至六十八为腧穴，六十九至八十一难为针法。
④ 南京中医学院校释：《难经校释》，北京：人民卫生出版社，2009年，第59页。
⑤ 笔者也曾向学中医的一些亲友求证，他们一致认为，中医中的"督"指的就是"脊背"。
⑥《汉书·刑法志》，第1100—1101页。
⑦（晋）袁宏撰，周天游校注：《后汉纪校注》，天津：天津古籍出版社，1987年，第252—253页。
⑧ 李学勤主编，《十三经注疏》整理委员会整理：《十三经注疏·毛诗正义》，北京：北京大学出版社，1999年，第337页。
⑨《新唐书》卷56，第1409页。

臀。这很可能即是唐初虞世南在编《北堂书钞》时误"督"为"臀"的原因所在。可是，鞭刑并未因此而废，可能作为法外之刑而继续存在，至元代仍如此。《元史·世祖本纪》载："（至元二十九年二月）申禁鞭背。"①

此外，尚有一问题需稍作申述。我们看上引天一阁《天圣令·狱官令》的条文排列次序，跟仁井田陞先生所辑的《唐令拾遗·狱官令》条文次序有差别。笔者认为，《天圣令》的排列次序才是《唐令》应该的次序。大体而言，就是囚具在前，监狱管理及相关设置在后，这也才符合诉讼过程的先后次序。

---

① 《元史》卷17，北京：中华书局，1976年，第359页。

第四章 魏晋令制之地位及对后世之影响

第一节 魏晋令在当时之地位与作用

在中国古代的治世工具里，礼、乐、政、刑①四者常常并提，它们之间互有分工又密切合作，起码在古人看来是缺一不可的。②因此，不顾礼、乐尤其是礼，来谈政、刑，不少问题就弄不明白也说不清楚；更何况，在儒家思想的催发下，很多礼后来变成了法，这一现象在令典中表现得尤其明显。因此，魏晋的令制是与魏晋的礼、乐、刑以及其他的一些政策性规定一起来宰制国家与社会的。令作为主要的政令性法规，在约束与引导社会尤其是对官僚制度的规范方面作用很大。

清人沈垚在《落颿楼文集》卷8《与张渊甫书》中云："六朝人礼学极精，唐以前士大夫重门阀，虽异于古之宗法，然与古不相远，史传中所载多礼家精粹之言。至明士大夫皆出草野，与古绝不相似矣。古人于亲亲中寓贵贵之意，宗法与封建相维。诸侯世国，则有封建；大夫世家，则有宗法。"③所论甚精，陈寅恪先生在其说基础上评价曰："礼制本与封建阶级相维系，子敦（沈垚字子敦）之说是也。唐以前士大夫与礼制之关系既如是之密切，而士大

---

① 陈寅恪所著《隋唐制度渊源略论稿》，正文篇目依次为：礼仪、职官、刑律、音乐、兵制、财政。大体可用"礼乐政刑"四者来概括。
② 马小红先生曾言：中国传统文化的突出特点即是整体的和谐与局部的缺陷，但若将这些有缺憾的个体放到或融合到整个传统文化中去加以考察，它们所处的地位却又恰如其分。局部的缺乏换来了整体的和谐，这也许可以称之为"合理的缺陷"。将礼乐政刑作综合的研究，则不难发现中国传统法律完全可以以其独到之处与古希腊、罗马相媲美。见马小红著，饶鑫贤审定：《中国古代社会的法律观》，郑州：大象出版社，1997年，第191页。
③ 转引自陈寅恪：《隋唐制度渊源略论稿》，第5页。

夫阶级又居当日极重要地位，故治史者自不应以其仅为空名，影响不及于平民，遂忽视之而不加以论究也。"①

《晋书·礼志上》载："魏氏承汉末大乱，旧章殄灭，命侍中王粲、尚书卫觊草创朝仪。及晋国建，文帝又命荀顗因魏代前事，撰为新礼，参考今古，更其节文，羊祜、任恺、庾峻、应贞并共刊定，成百六十五篇，奏之。"后，太常卿挚虞上表，以为荀顗之礼太过繁杂，有百六十五篇之多，每篇为一卷，有十五余万言。他认为起码应该删掉三分之一。到了东晋，"仆射刁协、太常荀崧补缉旧文，光禄大夫蔡谟又踵修其事云"②。这都说明晋礼有相当的规模，无论就篇数还是字数而言，与律令故事的总数大致相敌。③《通典》卷 41 又言："宋初因循前史，并不重述。齐武帝永明二年，诏尚书令王俭制定五礼。至梁武帝，命群儒又裁成焉……陈武帝受禅，多准梁旧式，因行事随时笔削。后魏道武帝举其大体，事多阙遗；孝文帝率由旧章，择其**令典**，朝仪国范，焕乎复振……隋文帝命牛弘、辛彦之等采梁及北齐仪注，以为五礼。"④正如我们已经知道的那样，隋唐的法律是渊源于魏晋南北朝的；跟法律密切相关的礼制从魏晋绵延至隋唐，关联的痕迹十分明显。可知，礼律的发展变迁走的基本是并行甚至交叉的路。

陈寅恪先生曾说："古代礼律关系密切，而司马氏以东汉末年之儒学大族创建晋室，统制中国，其所制定之刑律尤为儒家化……实为华夏刑律不祧之正统"⑤，诚为不刊之论。只是笔者认为，与其说是"礼律"关系密切，倒不如更进一步说是"礼令"关系密切，更为恰当。

与礼、法初创，儒学尚未为汉王朝所接纳的汉律制定时期相比，在历经四百年岁月之后的晋泰始律令制定时期，礼律关系所处的环境已完全不同。其礼与律紧密结合，理念性的礼影响着现实性的法，礼的规定被作为法源而

---

① 陈寅恪：《隋唐制度渊源略论稿》，第5页。
② 《晋书·礼志上》，第581—582页。
③ 据《晋书·刑法志》，晋律令故事共九十篇，律令有十二万六千三百言，加上故事也应该在十五万言左右。
④ （唐）杜佑撰，王文锦等点校：《通典》，第1121页。
⑤ 陈寅恪：《隋唐制度渊源略论稿》，第100页。

使用。①这种倾向非西晋始然,汉魏已经如此。

汉宣帝地节四年(前66年)"亲亲得相首匿"成为法律的规定。②而"八辟"本是《周礼》所提倡的制度,《周礼·秋官·小司寇》载:"以八辟丽邦法,附刑罚:一曰议亲之辟,二曰议故之辟,三曰议贤之辟,四曰议能之辟,五曰议功之辟,六曰议贵之辟,七曰议勤之辟,八曰议宾之辟。"③它应该并非周代的真实制度,经后人的不断提倡,终在曹魏时入律为法,成为保护封建官僚阶级的特权制度。此后,晋南北朝时期先后入律的还有"准五服以制罪""存留养亲""以官当徒(流)"等制度。这些制度,揭橥的皆乃贵贱有别、官民不同、尊卑差异、曲法从情等观念,公然宣扬法律面前人人不平等。其理据何在?皆是人们认同度更高的礼。有礼在,有礼作借口,法令往往被扬弃不用。

《晋书·庾纯传》中就有表示礼与律令交叉关系的记载:

> (庾)纯父老不求供养,使据礼典正其臧否。太傅何曾、太尉荀颛、骠骑将军齐王攸议曰:"凡断正臧否,宜先稽之礼、律。八十者,一子不从政;九十者,其家不从政。新**令**亦如之。按纯父年八十一,兄弟六人,三人在家,不废侍养。纯不求供养,其于礼、律未有违也……。"……司徒西曹掾刘斌议以为:"……礼,年八十,一子不从政。纯有二弟在家,不为违礼。又**令**,年九十,乃听悉归。今纯父实未九十,不为犯**令**。"④

予以遵照的"礼"即是"八十者,一子不从政;九十者,其家不从政"一语,见于《礼记·王制》及《内则》的记载"凡三王养老皆引年,八十者,一子不从政;九十者,其家不从政"⑤。可见,礼典条文成了法源而且为晋令所采用。只不知该令属于晋令哪篇。

---

① [日]冨谷至:《通往晋泰始律令之路(Ⅱ):魏晋的律与令》,朱腾译,徐世虹校,杨一凡、朱腾主编:《历代令考》(上),第243页。
② 《汉书·宣帝纪》,第251页。
③ (清)孙诒让撰,王文锦、陈玉霞点校:《周礼正义》,第2771—2774页。
④ 《晋书》卷50,第1398—1399页。
⑤ 李学勤主编,《十三经注疏》整理委员会整理:《十三经注疏·礼记正义》,北京:北京大学出版社,1999年,第426、854页。

《通典》记载有东晋"于氏上表议养子归属"一案。贺乔的妻子于氏无子，贺乔的兄长贺群就把自己的小儿子贺率过继给了贺乔。后来，贺乔纳妾生子，于是贺率就想回归本宗，但于氏觉得贺率已经是自己的儿子了，如今已长大成人，养母不应随意抛弃，故不答应。双方发生争议，于是于氏上书皇帝讨要说法，晋元帝令臣下群议。这个案件，在今天自属民事纠纷；古代则不同，既牵涉到礼与法，又因为是贵族之事，故动静挺大。廷史陈序在议中就引用了《晋令》："无子而养人子以续亡者后，于事役复除无回避者听之，不得过一人。""养人子男，后自有子男，及阉人非亲者，皆别为户。"①此处笔者不关心具体令文的文意与本案的最终结果，只是想用此案来说明，与前文《庾纯传》引"令"断案一样，《晋令》在司法实践中是发挥作用的。

由此，笔者认为，我们习称的"引礼入律"，更准确的说法应该是"引礼入法"更契合些。其实，我们翻阅《晋令》残文，《官品令》《服制令》《祠令》《丧葬令》，大多原本就属于礼，或者来源于由礼修改而成者，何其多也。以前的法律史学界，提及"引礼入律"时，把关注点过多地放在了律——刑法典上。固然，即便刑法典中都必须要纳入礼的规定，更能证明法律儒家化的深度与广度，证明力自然是最强的。只是笔者觉得，我们是否可以换一种推理过程来审视这个问题，首先，汉初参政的儒家士大夫们——叔孙通、贾谊之流，需要提出执政的一套措施并配以预期的蓝图，否则，纸上谈兵如何取信于君。于是，始则叔孙通定朝廷礼仪，汉高祖初尝当皇帝的甜头，儒家牛刀小试，深得君心；继则以《周礼》等理想化的儒家政治愿景跟秦代的官僚制度相融合，经由后世儒者之努力，终究成为中国古代的政治官僚体制。这套制度在魏晋之际发展得更加完善，用于规范政制的主要法规——令典正是在这种情况下应运而生，并最终与律划域而治。因此，令中有那么多儒家的礼的规定再自然不过，而正是令中所使用的这种"引礼入令"的模式反过来又影响到律的内容的调适与修改；更何况，在晋代以后，令中不再有罚

---

① （唐）杜佑撰，王文锦等点校：《通典》卷69"养兄弟子为后后自生子议"条，第1907—1913页。

则,"违令有罪则入律"①。在这种情况下,有了"引礼入令"作前导,"引礼入律"自是润物无声、水到渠成的事了。因此,笔者认为,事情发生的顺序应该是:先有"引礼入政",继以"引礼入令",最后才是"引礼入律"。

至于晋令的效力,笔者认为,正与礼、律在现实政治中的处境一样,令之初制则新鲜而有效,至乱世则被权制所取代。但是,这其中还是应有程度之别的:律往往成为具文;而礼、令,则尚需走走表面形式。虽说实质正义已被突破,但起码程序正义尚在拉扯牵绊。②《晋书·刑法志》言:"及于江左,元帝为丞相时,朝廷草创,议断不循法律,人立异议,高下无状。主簿熊远奏曰:'……律令之作,由来尚矣。经贤智,历夷险,随时斟酌,最为周备。自军兴以来,法度陵替,至于处事不用律令,竞作属命,人立异议,曲适物情,亏伤大例。府立节度,复不奉用,临事改制,朝作夕改,至于主者不敢任法,每辄关谘,委之大官,非为政之体。'"到权臣执国柄时,法纪更是废弃不用。"咸康之世,庾冰好为纠察,近于繁细,后益矫违,复存宽纵,疏密自由,律令无用矣。"③这就是人治社会,法制的悲哀处境。

接下来我们再举一例来看看礼、令的处境。《晋书·愍怀太子传》载贾后废愍怀太子的过程:

> 贾后将废太子,诈称上不和,呼太子入朝……逼饮醉之。使黄门侍郎潘岳作书草,若祷神之文,有如太子素意,因醉而书之,令小婢承福以纸笔及书草使太子书之……太子醉迷不觉,遂依而写之,其字半不成。既而补成之,后以呈帝。帝……使黄门令董猛以太子书及青纸诏曰:"遹书如此,今赐死。"……贾后使董猛矫以长广公主辞白帝曰:"事宜速

---

① 《后汉书·陈宠传》有:"礼之所去,刑之所取,失礼则入刑,相为表里者也"之语(第1554页)。我们来审视礼、令与律的关系,会发现礼与律、令与律这两对关系有很多相似处。从这个角度,是否亦能佐证冨谷至先生的"令的产生正是借鉴了礼"的观点呢?
② 曹魏之后,历代的篡位者毕竟还须弄出一出"禅让"的大戏,这表面上的"名正言顺",正体现出儒家礼仪深入人心后的威力,不能仅斥之为虚礼,一哂了之。
③ 《晋书》卷30,第938—939、942页。

决，而群臣各有不同，若有不从诏，宜以军法从事。"……太子之废也，妃父王衍表请离婚。太子至许，遗妃书曰："……逼迫不得已，更饮一升。饮已，体中荒迷，不复自觉。须臾有一小婢持封箱来，云：'诏使写此文书。'鄙便惊起，视之，有一白纸，一青纸。催促云：'陛下停待。'又小婢承福持笔研墨黄纸来，使写。"①

贾后大权在握，废掉太子难度虽大但不至于不成功，其仍然顾忌到臣下尤其是诸侯王不服，也得在表面程序上尽可能掩饰得合情合理"合法"，能不心思费尽吗？因此，从这个意义上来讲，"便知中国传统政治，本不全由皇帝专制，也不能说中国人绝无法制观念"②。

我们对比律、令、礼三者的处境，不由地会得出这样的结论：与礼、令相比，反而是律的地位最微妙。遇礼、令被废弃时，大臣们还会为之奔走呼号，朝廷回应者亦不少；至律的存废，反而没引起那么多的疾呼。为何会有这样的反差呢？笔者认为，礼事关国典，令事关官制，都是与既得利益者们息息相关的制度，岂能不关心？而律对他们而言则关系没有那么急迫密切，关注度自然会降低。也正因为关心多、利害大，故礼、令修改也频；而律的改动则没有前两者那么大。可能也正因此，律反而因祸得福，得以恒久永流传；礼、令却随着新者出台、旧者湮没的速度自然加快，保存得自然不全、不好，自在情理之中。

第二节　魏晋令制对后世之影响

魏晋令制固然尚留有初创期的青涩，存在诸多的不足，但其建章立制之功早已毋庸多言。后世的令典虽然在不少方面做了很多改进，可是，令与礼的密切关联、律与令的分而治之、令典的篇章体例、令典的具体内容，尤其是

---

① 《晋书》卷53，第1459—1461页。
② 钱穆：《中国历代政治得失》，北京：生活·读书·新知三联书店，2001年，第43页。

令典在国家社会中所起的作用则是一以贯之,没有多大改变的。①

南朝时期,律令制度基本沿袭晋代,梁、陈二代改令,职官之变迁、礼制的发展导致的变动自然不小,但规模上仍是晋令之遗规。北魏之时曾广用晋令,后又以之为圭臬来修定本朝之令典。②

《魏书·食货志》引《晋令》:

> 旧制,民间所织绢、布,皆幅广二尺二寸,长四十尺为一匹,六十尺为一端,令任服用。后乃渐至滥恶,不依尺度。高祖延兴三年秋七月,更立严制,令一准前式,违者罪各有差,有司不检察与同罪。③

"前式"自然指的是晋令。

《魏书·高祖纪下》载太和十七年六月乙巳诏曰:

> 远依往籍,近采时宜,作《职员令》二十一卷……权可付外施行。其有当局所疑而令文不载者,随事以闻,当更附之。

> (十九年十二月)乙未朔,引见群臣于光极堂,宣示品令④,为大选之始。⑤

在效仿《晋令》的过程中,《魏令》诸篇亦陆续出台。揣测上文文意,似乎《魏令》在孝文帝时尚未编制完成。

《唐六典》卷6"刑部郎中"条注曰:"北齐令赵郡王叡等撰《令》五十卷,取尚书二十八曹为其篇名,又撰《权令》二卷,两《令》并行。"⑥《隋书·刑

---

① 即便在清代,令典表面上不存在了,它的一些内容却被清例所沿用,继续发挥着作用。详见霍存福等:《以〈大明令〉为枢纽看中国古代律令制体系》,《法制与社会发展》2011年第5期。
② 《魏书·食货志》中详细罗列了太和九年,魏孝文帝的"均田令",应该属于魏《田令》(不知《田令》是否北魏创制,因其内容故权称《田令》)的内容。此外所见的魏令篇名还有《礼志》《刑罚志》中提到的《官品令》,《高祖纪》中提到的《职员令》,《刑罚志》中提到的《狱官令》等。看各令篇名,依然是《晋令》之流。
③ 《魏书》卷110,第2852页。
④ 《新唐书·艺文志》"史部职官类"有魏《官品令》一卷。
⑤ 《魏书》卷7下,第172、178页。
⑥ (唐)李林甫等撰,陈仲夫点校:《唐六典》,第184页。

法志》云："又上《新令》四十卷，大抵采魏、晋故事。"①《册府元龟》卷611记载，也是说"四十卷"②。而《通典》卷164却作"又上新令三十卷，大抵采魏、晋故事"③，又成了"三十"卷，不知何据？不论《北齐令》到底是多少卷，也不管它是以何种标准来拟制篇目名称，有一个事实不容否定，即《隋书·刑法志》与《通典》都强调"大抵采魏晋故事"。"魏晋故事"④并非指魏晋时期的另一种法律形式——故事，而实指魏晋时期的令典形式及内容，亦即北齐令依然是魏晋令的翻版，换汤不换药，新瓶里肯定装了很多旧酒。

隋唐令的篇名取法，属于晋及梁、陈令的系统。唐格篇名是以尚书省24司之名命名。式之篇名，除了尚书省列曹之外，还加入了以秘书、太常等机构名称命名者。可以说与北齐令的篇名取法如出一辙。但是，隋唐的《户令》《田令》《赋役令》等诸令的内容中，存在有从晋直至北魏、北齐、北周都一脉相承的诸规定，这一点不要忘记。⑤

隋令最突出的改变就是把有关行政机关的令放在了最显要的位置，显示了其地位的重要性。这一改变恰如其分地点出了令的着力点所在，也凸显了令的政令法规性质，意义重大。其他的令则依次放置于后。这种编纂体例被唐宋所取法，确定了中国中古时期令典的基本格局。

仁井田陞先生曾言："隋开皇令中缺乏唐令所有的乐、营缮、医疾、捕亡4篇令。可是，由于医疾、捕亡两篇，与晋、梁、陈各令篇目中的医药疾病、捕亡相当，所以，可以说唐令至少在篇目这一点上，是前代诸令的集大成者。"⑥

---

① 《隋书》卷25，第705页。
② （宋）王钦若等编纂，周勋初等校订：《册府元龟》，第7058页。
③ （唐）杜佑撰，王文锦等点校：《通典》，第4428页。
④ 关于魏晋"故事"问题，吕丽先生曾先后撰有两篇文章，论述详矣。见《故事与汉魏晋的法律——兼谈对于〈唐六典〉注和〈晋书·刑法志〉中相关内容的理解》，《当代法学》2004年第3期；《汉魏晋"故事"辩析》，《法学研究》2002年第6期。
⑤ 详见［日］仁井田陞原著：《〈唐令拾遗〉序论》，《唐令拾遗》，栗劲等编译，第807—809页。
⑥ ［日］仁井田陞原著：《〈唐令拾遗〉序论》，《唐令拾遗》，栗劲等编译，第810页。

纵观上千年令制的嬗蜕转变，我们会发现，这关涉的绝不仅仅是单个法律形式的变化问题，而是牵扯到中国古代整个法律体系及其关联的治世工具——比如礼——的互相转化、融合、新生、再融合的宏大问题。礼、律令两个不同质的规范间的转变关系，上文已略有述及，至于律令等法律形式内部的变化，我们可来看《唐六典》卷6"刑部郎中""凡《格》二十四篇"下注云："以尚书省诸曹为之目，共为七卷。其曹之常务但留本司者，别为《留司格》一卷。盖编录当时制敕，永为法则，以为**故事**。汉建武有《律令故事》上、中、下三篇，皆刑法制度也。晋贾充等撰律、令，兼删定当时制、诏之条，为《故事》三十卷，与《律》《令》并行。《梁》易《故事》为《梁科》三十卷，蔡法度所删定。陈依梁。后魏以'格'代'科'，于麟趾殿删定，名为《麟趾格》。北齐因魏立格，撰《权格》，与《律》《令》并行。……"

又"凡式三十有三篇"下注云："亦以尚书省列曹及秘书、太常、司农、光禄、太仆、太府、少府及监门、宿卫、计帐为其篇目，凡三十三篇，为二十卷。后周文帝初辅魏政，大统元年，令有司斟酌今古通变可以益时者，为二十四条之制；七年，又下有十二条之制；十年，命尚书苏绰总三十六条，更损益为五卷，谓之《大统式》。"①

从以上引文可知：一、"故事"②可能与现代的"行政法"关联性更强。二、梁改"故事"名为"科"，跟曹魏的"科"自非一事，但无疑是借鉴了曹魏"科"的意思。东魏时，用"格"代"科"，也就是说，"格"就是西晋时代的"故事"。三、东汉初年的"故事"跟律令差别不大，还没有明显的分野，很多还是"刑法制度"。那么，这更印证了笔者前面的推论：到曹魏的时候，律、令及其他法律形式才真正分野，律是律，令是令；故事还在日积月累之中，其在西晋贾充定律时，才真正成了一种独立的法律形式。四、式的产生

---

① （唐）李林甫等撰，陈仲夫点校：《唐六典》，第185页。
② 霍存福师曾言："故事即过往之事，或是旧日的成例、典章制度，或是旧日的事例，均被日后援以为例。在唐代，除一部分令、式规定被视为故事外，多数故事是律令格式之成法之外，甚至是制敕诏令之临时措置以外的规范。故事是当时被频繁援引的行事准据。"详见霍存福：《唐故事惯例性论略》，《吉林大学社会科学学报》1993年第6期。

是在西魏时，内容则是历代的一些"通变可以益时者"，可能有些是处理政务的高招，有些是设官分职的妙计，还有些是深得人心的审判，不一而足。但其数量，终北周之世，不过三十六条而已。至隋唐而渐多，至于其内容与性质，倒反而有点像古代的"故事"了，与北周"式"的涵义应该不尽相同。

法律形式在日渐调整，有的新形式的产生是取代旧形式的结果，有的则是旧形式没法涵盖新生事物而自成一派的结果。至于律令格式的格局确定以后，它们的功用，那就是"律以正刑定罪，令以设范立制，格以禁违正邪，式以轨物程事"①。后世中央集权加强，皇权开始动摇这种固定的律令格局，既有敕的泛滥与编敕的盛行，以及会典形式的出现，又有清代例的出现，都使得唐宋以来确立的律令格局大变，例终究包容了令，又"以例破律"地掏空了律。至此，中国古代的法律形式体系已经显得捉襟见肘，日暮途穷，呼唤着新的法律体系的出现。西方的全新的法律体系遂挟"船坚炮利"之势，登堂入室，"中华法系"遂没落了。

法律形式的递嬗改变皆随时代的变迁而变化，其不断修撰、整理的指导思想，自然是便于国家机构的正常运行与社会的有序发展。但是，我们探研古代法律史时，却会发现一个悖论：法律越来越多，法律形式也越来越多，可为何仍然觉得法律捉襟见肘或不便使用呢？我们知道，古代很多朝代拥有相当完备的法律，但是，国家机构所喜欢使用的还是"故事"这种本非法律形式的办事捷径。久而久之，相当数量的律令沦为具文，但出于体面，又不便删削，于是就继续存在。随着旧的"故事"被编入各种固有的或新设的"法律形式"之中，而新的"故事"又在不断产生，更何况，许多下级官吏办事时是怠于大费周章地去翻阅典籍。周而复始，终至汉人"文书盈于几阁，典者不能遍睹"②的感慨。仁井田陞先生曾说："唐令仅保存其规定而不行用的，随着格敕的增大而增加。因此，令就变得空虚起来，仅保留了旧有的威容。不过，虽然空虚，威容还是保留下来了。这就是所谓'令之善者，虽寝亦书'，这是

---

① （唐）李林甫等撰，陈仲夫点校：《唐六典》卷6"刑部郎中"条，第185页。
② 《汉书·刑法志》，第1101页。

唐令删定的一个原则。这也可以说是令、格并存的一个理由。在积极方面，令既不改也不废，就成了自行停止行用的条文。……田、赋役及军防各令中的某些条文，至开元天宝以后，终于不再行用了。对此，史家也有论述。虽然如此，唐令的全部并没有停废。比如，户令中关于废疾笃疾的条文或养子法、学令中的孔子释奠的规定、杂令中的债权担保法，不仅在唐末，而且直到遥远的后世，也都在不改变规定实质的情况下行用着。尽管令接受着来自格敕的修正，但直到宋初，令的生命力也未减弱。"[1]宋代以后，最高统治者皇帝继续推波助澜，编敕盛行，明太祖更是自编《大诰》，行于天下。清代则例大行，终究不惜"以例破律"。法律最大之弊病，不在于制法不精，而更在于有成法不用而又立新法，如此，岂能不"法令滋彰"乎？！

---

[1] 详见[日]仁井田陞原著：《〈唐令拾遗〉序论》，《唐令拾遗》，栗劲等编译，第826—827页。

结　　论

　　魏晋的令制是在继承先秦秦汉令的基础上发展完善起来的，曹魏以前，律令分野尚未定型，经魏明帝时修定律令，才使得律令截然两分，各自有了固定的分工。从此，令典中逐渐不再附带罚则，成为纯粹政令性的法规，"违令有罪"则用"律"来处罚。晋代修律令则集汉魏律学理论与司法实践之大成，开创并奠定了我国古代法律形式体系化的新局面——礼、令、律交融，律、令、故事齐飞，对后世法律发展产生了重大而深远的影响。具体到本书所论述的主体——令而言，魏晋令开始了全新的事项令时代，便于编纂，利于实践；加之及时的修订，都使其保持了旺盛的生命力。因此，它可以在纷繁复杂的社会发展中发挥重要的作用。总之，通过对魏晋令的研究，我们发现：令走的是一条追寻律学理论与儒家典籍相结合进而创设与规范职官制度，又不断调整，以适应官僚制度革新发展的道路。随皇权而昌，因皇权而亡。

　　若简单地说令是行政法规，笔者认为不太可取。这其中可能存在两个问题：第一，拿现代的概念对比古代的制度，固然是研究上的不得已而为之，但是这一标准是既跨越了历史又跨越了文明的西方近现代法学分科体系，剖析的却是异质文化的中国中古时代的法律，是"西方中心论"思维在该领域的体现，而非按照中国古代法规的固有形态来定性。第二，即使我们退一步讲，为了研究的便利，为了今人理解的需要，认可了这种比较的可行性，可我们能够罔顾东西方法律具体内容之间极大的差异性吗？总之，笔者对此抱一种比较悲观的态度。杜正胜先生曾言："现代术语容易引起读者兴趣，但也容易失真；文献上现成的语词虽然实录，却会流于不关痛痒"，

"历史观点应从反映历史实情的文献去寻求,借用异时异地的概念或可得到眼前的方便,其失则易流于'削足适履'。历史学家最好还是根据零碎史料,努力建构有机的、整体的历史面貌,提炼简洁的概念来解释丛脞复杂的历史现象"。①

应该来讲,令在中国古代是以魏晋为主要分水岭的,之前之后其表现形态有较大的差别。魏晋之前,令先是一般法的泛称,可以指称一切法;后来特用来指称"王言"。这一趋势在秦统一全国后得到认可并进一步规范化,因此,在秦汉,令就是诏令的意思。其内容既有刑事法规亦有民事规定,自然不能目之以行政法规。魏晋以后的令固然逐渐没有了罚则,脱离了刑罚性,确实有点现代行政法的意味,但还是不能简单称之为行政法规。"故事"因为规定的皆为行政事务,尚可类比今天的行政法;令绝非简单的行政法可以概括归纳。我们应该套用古代固有的词汇给它定性,可能会相对准确些。笔者认为它就是古代事关"典章制度"运行的政务性法规,它的规定都是在规范官僚制度如何有序运转,与刑法典相比,它的涵括性更广,今天所说的行政制度、司法制度、婚姻家庭制度、军事制度、经济贸易商业制度、手工业商业制度、赋役税收制度、考试制度、公务员考课制度等等,无所不包,涉及的问题既有立法方面的、行政方面的,还有司法方面的。因为古人既无三权分立的观念,也无严格的法律体系的思想,在他们的观念里,一切的法律都是以保证国家官僚制度的正常合理高效运行为依归的,因此,把它们说成是中国古代维持典章制度运行的**政令法规**大致无错。当然,令制一直在发展演变之中,唐宋之时的令,其行政法的意味更强一些,这也是事实。

我们需要注意的另一个问题是,西晋之时,礼的观念与精神已渗透于立法过程,又在司法过程中时刻修正着偏离方向的实践。②古人把礼放在乐、政、

---

① 杜正胜:《编户齐民:传统政治社会结构之形成》"序",台北:联经出版事业股份有限公司,1990年,第2页。
② 刘晓林:《唐律"七杀"研究》,北京:商务印书馆,2012年,第237页。

刑三者之前并为四者，自然是实际作用与效力排名的结果。但是，即使魏晋的立法技术、法律原理再优越再精当，都阻碍不了各级官吏们重创"故事"或仅依"权制"来变通国家纲纪的倾向，更不用说司法实践中的上下其手、舞文弄法了。如此一来，法律的处境就可想而知了！

参 考 文 献

古籍

[1]（汉）班固：《汉书》，北京：中华书局，1962年。

[2]（汉）崔寔、仲长统撰，孙启治校注：《政论校注 昌言校注》，北京：中华书局，2012年。

[3]（汉）桓宽撰，王利器校注：《盐铁论校注》，北京：中华书局，1992年。

[4]（汉）刘向集录：《战国策》，上海：上海古籍出版社，1978年。

[5]（汉）司马迁：《史记》，北京：中华书局，1959年。

[6]（汉）王充撰，黄晖校释：《论衡校释》，北京：中华书局，1990年。

[7]（汉）王符撰，（清）汪继培笺，彭铎校正：《潜夫论笺校正》，北京：中华书局，1985年。

[8]（晋）陈寿：《三国志》，北京：中华书局，1959年。

[9]（晋）袁宏撰，周天游校注：《后汉纪校注》，天津：天津古籍出版社，1987年。

[10]（东晋）葛洪撰，杨明照校笺：《抱朴子外篇校笺》（上），北京：中华书局，1991年。

[11]（东晋）葛洪撰，杨明照校笺：《抱朴子外篇校笺》（下），北京：中华书局，1997年。

[12]（南朝·宋）范晔：《后汉书》，北京：中华书局，1965年。

[13]（梁）刘勰著，范文澜注：《文心雕龙注》，北京：人民文学出版社，

1958 年。

[14]（梁）沈约：《宋书》，北京：中华书局，1974 年。

[15]（梁）萧统编，（唐）李善注：《文选》，上海：上海古籍出版社，1986 年。

[16]（梁）萧子显：《南齐书》，北京：中华书局，1972 年。

[17]（北齐）魏收：《魏书》，北京：中华书局，1974 年。

[18]（唐）杜佑撰，王文锦等点校：《通典》，北京：中华书局，1988 年。

[19]（唐）房玄龄等：《晋书》，北京：中华书局，1974 年。

[20]（唐）李百药：《北齐书》，北京：中华书局，1972 年。

[21]（唐）李林甫等撰，陈仲夫点校：《唐六典》，北京：中华书局，1992 年。

[22]（唐）李延寿：《北史》，北京：中华书局，1974 年。

[23]（唐）李延寿：《南史》，北京：中华书局，1975 年。

[24]（唐）令狐德棻等：《周书》，北京：中华书局，1971 年。

[25]（唐）刘知几撰，（清）浦起龙释：《史通通释》，上海：上海古籍出版社，1978 年。

[26]（唐）欧阳询撰，汪绍楹校：《艺文类聚》，上海：上海古籍出版社，1999 年。

[27]（唐）魏征、令狐德棻：《隋书》，北京：中华书局，1973 年。

[28]（唐）魏征等撰，刘余莉主编：《群书治要译注》，北京：中国书店，2012 年。

[29]（唐）徐坚等：《初学记》，北京：中华书局，2004 年。

[30]（唐）姚思廉：《陈书》，北京：中华书局，1972 年。

[31]（唐）姚思廉：《梁书》，北京：中华书局，1973 年。

[32]（唐）虞世南编撰：《北堂书钞》，北京：中国书店，1989 年。

[33]（唐）长孙无忌等撰，刘俊文笺解：《唐律疏议笺解》，北京：中华书局，1996 年。

[34]（唐）长孙无忌等撰，岳纯之点校，《唐律疏议》，上海：上海古籍出版社，2013 年。

[35]（后晋）刘昫等：《旧唐书》，北京：中华书局，1975 年。

[36]（宋）窦仪等撰，薛梅卿点校：《宋刑统》，北京：法律出版社，1999 年。

[37]（宋）李昉编纂，夏剑钦等校点：《太平御览》，石家庄：河北教育出版社，1994 年。

[38]（宋）李昉等：《太平御览》，北京：中华书局，1960 年。

[39]（宋）欧阳修、宋祁：《新唐书》，北京：中华书局，1975 年。

[40]（宋）宋敏求编：《唐大诏令集》，北京：中华书局，2008 年。

[41]（宋）王溥：《唐会要》，北京：中华书局，1955 年。

[42]（宋）王应麟：《玉海》，南京：江苏古籍出版社、上海：上海书店，1987 年。

[43]（宋）岳珂撰，朗润点校：《愧郯录》，北京：中华书局，2016 年。

[44]（元）马端临：《文献通考》，北京：中华书局，1986 年。

[45]（元）脱脱等：《宋史》，北京：中华书局，1977 年。

[46]（明）董说：《七国考》，北京：中华书局，1956 年。

[47]（清）沈家本著，张全民点校：《历代刑法考》，北京：中国检察出版社，2003 年。

[48]（清）孙星衍等辑，周天游点校：《汉官六种》，北京：中华书局，1990 年。

[49]（清）王先谦撰，沈啸寰、王星贤点校：《荀子集解》，北京：中华书局，1988 年。

[50]（清）王先慎撰，钟哲点校：《韩非子集解》，北京：中华书局，1998 年。

[51] 陈鼓应注译：《庄子今注今译》，北京：中华书局，1983 年。

[52] 蒋礼鸿：《商君书锥指》，北京：中华书局，1986 年。

[53] 黎翔凤撰，梁运华整理：《管子校注》，北京：中华书局，2004 年。

[54] 李学勤主编，《十三经注疏》整理委员会整理：《十三经注疏·毛诗正义》，北京：北京大学出版社，1999 年。

[55] 龙伯坚编著，龙式昭整理：《黄帝内经集解》，天津：天津科学技术出版社，2004 年。

[56] 卢弼：《三国志集解》，北京：中华书局，1982 年。

[57] 南京中医学院校释：《难经校释》，北京：人民卫生出版社，2009 年。

[58] 天一阁博物馆、中国社会科学院历史研究所天圣令整理课题组校证：《天一阁藏明钞本天圣令校证》，北京：中华书局，2006 年。

出土文献

[1] 陈松长主编：《岳麓书院藏秦简》（肆），上海：上海辞书出版社，2015 年。

[2] 陈松长主编：《岳麓书院藏秦简》（伍），上海：上海辞书出版社，2017 年。

[3] 罗振玉、王国维编著：《流沙坠简》，北京：中华书局，1993 年。

[4] 睡虎地秦墓竹简整理小组编：《睡虎地秦墓竹简》，北京：文物出版社，1978 年。

[5] 张家山二四七号汉墓竹简整理小组编著：《张家山汉墓竹简（二四七号墓）》（释文修订本），北京：文物出版社，2006 年。

专著

[1] 陈顾远：《中国法制史概要》，北京：商务印书馆，2011 年。

[2] 陈梦家：《汉简缀述》，北京：中华书局，1980 年。

[3] 陈槃：《汉晋遗简识小七种》，上海：上海古籍出版社，2009 年。

[4] 陈苏镇：《〈春秋〉与"汉道"——两汉政治与政治文化研究》，北京：中华书局，2011 年。

[5] 陈寅恪：《隋唐制度渊源略论稿》，上海：上海古籍出版社，1982年。

[6] 程树德：《九朝律考》，北京：中华书局，1963年。

[7] 邓奕琦：《北朝法制研究》，北京：中华书局，2005年。

[8] 杜正胜：《编户齐民：传统政治社会结构之形成》，台北：联经出版事业股份有限公司，1990年。

[9] 高明士：《律令法与天下法》，上海：上海古籍出版社，2013年。

[10] 郭齐勇主编：《儒家文化研究》（第一辑）《新出楚简研究专号》，北京：生活·读书·新知三联书店，2007年。

[11] 韩树峰：《汉魏法律与社会——以简牍、文书为中心的考察》，北京：社会科学文献出版社，2011年。

[12] 何勤华编：《律学考》，北京：商务印书馆，2004年。

[13] 侯外庐等：《中国思想通史》（第一卷），北京：人民出版社，1957年。

[14] 胡宝国：《汉唐间史学的发展》，北京：商务印书馆，2003年。

[15] 胡宝国：《将无同：中古史研究论文集》，北京：中华书局，2020年。

[16] 胡宝华编著：《20世纪以来日本中国史学著作编年》，北京：中华书局，2012年。

[17] 梁健：《曹魏法制综考》，北京：知识产权出版社，2019年。

[18] 梁启超：《论中国成文法编制之沿革得失》，《饮冰室文集》之十六，北京：中华书局，1989年。

[19] 刘俊文主编：《日本学者研究中国史论著选译》（第八卷），北京：中华书局，1992年。

[20] 刘俊文主编：《日本学者研究中国史论著选译》（第二卷），北京：中华书局，1993年。

[21] 刘俊文主编：《日本学者研究中国史论著选译》（第四卷），北京：中华书局，1992年。

[22] 刘晓林：《唐律"七杀"研究》，北京：商务印书馆，2012年。

[23] 马小红：《中国古代社会的法律观》，郑州：大象出版社，1997 年。

[24] 钱存训编著：《书于竹帛——中国古代的文字记录》，上海：上海书店，2004 年。

[25] 钱穆：《中国历代政治得失》，北京：生活·读书·新知三联书店，2001 年。

[26] 仇鹿鸣：《魏晋之际的政治权力与家族网络》，上海：上海古籍出版社，2012 年。

[27] 唐长孺：《魏晋南北朝史论丛》，北京：中华书局，2011 年。

[28] 唐长孺：《魏晋南北朝史论丛续编》，北京：生活·读书·新知三联书店，1959 年。

[29] 田余庆：《东晋门阀政治》，北京：北京大学出版社，2005 年。

[30] 田余庆：《秦汉魏晋史探微》（重订本），北京：中华书局，2004 年。

[31] 王国维：《古史新证》，北京：清华大学出版社，1994 年。

[32] 王沛主编：《出土文献与法律史研究》（第一辑），上海：上海人民出版社，2012 年。

[33] 王晓毅：《知人者智——〈人物志〉解读》，北京：中华书局，2008 年。

[34] 邢义田：《天下一家：皇帝、官僚与社会》，北京：中华书局，2011 年。

[35] 邢义田：《治国安邦：法制、行政与军事》，北京：中华书局，2011 年。

[36] 徐冲：《中古时代的历史书写与皇帝权力起源》，上海：上海古籍出版社，2012 年。

[37] 闫晓君：《秦汉法律研究》，北京：法律出版社，2012 年。

[38] 杨鸿烈：《中国法律发达史》，北京：中国政法大学出版社，2009 年。

[39] 杨宽：《战国史》，上海：上海人民出版社，2003 年。

[40] 杨廷福：《唐律初探》，天津：天津人民出版社，1982 年。

[41] 杨一凡总主编：《中国法制史考证》甲、乙、丙编，北京：中国社会科学出版社，2003 年。

[42] 杨振红：《出土简牍与秦汉社会》，桂林：广西师范大学出版社，

2009年。

[43] 余英时：《士与中国文化》，上海：上海人民出版社，2003年。

[44] 张建国：《帝制时代的中国法》，北京：法律出版社，1999年。

[45] 张建国：《中国法系的形成与发达》，北京：北京大学出版社，1997年。

[46] 张金光：《秦制研究》，上海：上海古籍出版社，2004年。

[47] 张鹏一编著，徐清廉校补：《晋令辑存》，西安：三秦出版社，1989年。

[48] 张泽咸：《晋唐史论集》，北京：中华书局，2008年。

[49] 张忠炜：《秦汉律令法系研究初编》，北京：社会科学文献出版社，2012年。

[50] 中国政法大学法律古籍整理研究所编：《中国古代法律文献研究》（第三辑），北京：中国政法大学出版社，2007年。

[51] 中国政法大学法律古籍整理研究所编：《中国古代法律文献研究》（第五辑），北京：社会科学文献出版社，2012年。

[52] 中国政法大学法律古籍整理研究所编：《中国古代法律文献研究》（第六辑），北京：社会科学文献出版社，2012年。

[53] 周东平主编：《〈晋书·刑法志〉译注》，北京：人民出版社，2017年。

[54] 周一良：《魏晋南北朝史论集》，北京：北京大学出版社，1997年。

[55] 周一良：《魏晋南北朝史札记》，北京：中华书局，2007年。

[56] 祝总斌：《材不材斋文集：祝总斌学术研究论文集》，西安：三秦出版社，2006年。

[57] [日]池田雄一：《中国古代的聚落与地方行政》，郑威译，上海：复旦大学出版社，2017年。

[58] [日]大庭脩：《秦汉法制史研究》，徐世虹等译，上海：中西书局，2017年。

[59] [日]冨谷至：《木简竹简述说的古代中国——书写材料的文化史》，刘恒武译，黄留珠校，北京：人民出版社，2007年。

[60][日]宫崎市定：《九品官人法研究——科举前史》，韩昇、刘建英译，北京：中华书局，2008年。

[61][日]广濑薰雄：《简帛研究论集》，上海：上海古籍出版社，2019年。

[62][日]广濑薰雄：《秦汉律令研究》，东京：汲古书院，2010年。

[63][日]浅井虎夫：《中国法典编纂沿革史》，陈重民译，李孝猛点校，北京：中国政法大学出版社，2007年。

[64][日]仁井田陞：《中国法制史》，牟发松译，上海：上海古籍出版社，2011年。

[65][日]仁井田陞原著：《唐令拾遗》，栗劲等译，长春：长春出版社，1989年。

[66][日]守屋美都雄：《中国古代的家族与国家》，钱杭、杨晓芬译，上海：上海古籍出版社，2010年。

论文

[1]陈爽：《纵囚归狱与初唐的德政制造》，《历史研究》2018年第2期。

[2]陈长琦：《魏晋南朝的资品与官品》，《历史研究》1990年第6期。

[3]陈仲安：《麟趾格制定经过考》，中华书局编辑部编：《文史》第21辑，北京：中华书局，1983年。

[4]韩玉林：《魏晋律管窥》，中国法律史学会主编：《法律史论丛》第3辑，北京：法律出版社，1983年。

[5]何勤华：《〈法经〉新考》，《法学》1998年第2期。

[6]霍存福：《论礼令关系与唐令的复原——〈唐令拾遗〉编译墨余录》，《法学研究》1990年第4期。

[7]霍存福：《唐故事惯例性论略》，《吉林大学社会科学学报》1993年第6期。

[8]霍存福：《唐式性质考论》，《吉林大学社会科学学报》1992年第6期。

[9] 霍存福、张靖翊、冯学伟：《以〈大明令〉为枢纽看中国古代律令制体系》，《法制与社会发展》2011年第5期。

[10] 李均明、刘军：《武威旱滩坡出土汉简考述——兼论"挈令"》，《文物》1993年第10期。

[11] 李力：《从几条未引起人们注意的史料辨析〈法经〉》，《中国法学》1990年第2期。

[12] 李玉生：《唐代法律体系研究》，《法学家》2004年第5期。

[13] 李玉生：《魏晋律令分野的几个问题》，《法学研究》2003年第5期。

[14] 刘笃才：《汉科考略》，《法学研究》2003年第4期。

[15] 刘笃才：《论魏晋时期的立法改革》，《辽宁大学学报（哲学社会科学版）》2001年第6期。

[16] 刘笃才：《论张斐的法律思想——兼及魏晋律学与玄学的关系》，《法学研究》1996年第6期。

[17] 楼劲：《北齐令篇目疑》，《文史》2000年第4辑。

[18] 楼劲：《〈格〉〈式〉之源与魏晋以来敕例的编纂》，《文史》2012年第2辑。

[19] 楼劲：《关于北魏后期令的班行问题》，《中国史研究》2001年第2期。

[20] 罗新：《从萧曹为相看所谓"汉承秦制"》，《北京大学学报（哲学社会科学版）》1996年第5期。

[21] 吕丽：《故事与汉魏晋的法律——兼谈对于〈唐六典〉注和〈晋书·刑法志〉中相关内容的理解》，《当代法学》2004年第3期。

[22] 吕丽：《汉魏晋"故事"辩析》，《法学研究》2002年第6期。

[23] 吕丽、王侃：《汉魏晋"比"辨析》，《法学研究》2000年第4期。

[24] 吕志兴：《南朝法制的创新及其影响——兼论"南北朝诸律，北优于南"说不能成立》，《法学研究》2011年第4期。

[25] 吕志兴：《南朝律学的发展及其特点——兼论"中原律学，衰于南

而盛于北"说不能成立》,《政法论坛》2012 年第 1 期。

[26] 马小红:《"格"的演变及其意义》,《北京大学学报(哲学社会科学版)》1987 年第 3 期。

[27] 孟彦弘:《秦汉法典体系的演变》,《历史研究》2005 年第 3 期。

[28] 蒲坚:《〈法经〉辨伪》,《法学研究》1984 年第 4 期。

[29] 孙正军:《中古良吏书写的两种模式》,《历史研究》2014 年第 3 期。

[30] 王晓毅:《魏律篇目考》,中华书局编辑部编:《文史》第 35 辑,北京:中华书局,1992 年。

[31] 徐世虹:《百年回顾:出土法律文献与秦汉令研究》,《上海师范大学学报(哲学社会科学版)》2011 年第 5 期。

[32] 徐世虹:《大庭脩与中国古代法律文献研究》,《中国社会科学报》2009 年 12 月 3 日第 4 版。

[33] 徐世虹:《说"正律"与"旁章"》,孙家洲、刘后滨主编:《汉唐盛世的历史解读——汉唐盛世学术研讨会论文集》,北京:中国人民大学出版社,2009 年。

[34] 闫晓君:《两汉"故事"论考》,《中国史研究》2000 年第 1 期。

[35] 杨一凡:《明代典例法律体系的确立与令的变迁——"律例法律体系"说、"无令"说修正》,《华东政法大学学报》2017 年第 1 期。

[36] 殷啸虎:《〈法经〉考辨》,《法学》1993 年第 12 期。

[37] 俞荣根、龙大轩:《东汉"律三家"考析》,《法学研究》2007 年第 2 期。

[38] 张建国:《"科"的变迁及其历史作用》,《北京大学学报(哲学社会科学版)》1987 年第 3 期。

[39] 张建国:《秦令与睡虎地秦墓竹简相关问题略析》,《中外法学》1998 年第 6 期。

[40] 张建国:《叔孙通定〈傍章〉质疑——兼析张家山汉简所载律篇名》,《北京大学学报(哲学社会科学版)》1997 年第 6 期。

[41] 张建国：《魏晋律令法典比较研究》，《中外法学》1995 年第 1 期。

[42] 张警：《〈七国考〉〈法经〉引文真伪析疑》，《法学研究》1983 年第 6 期。

[43] 周东平：《律令格式与律令制度、律令国家》，《法制与社会发展》2002 年第 2 期。

[44] 朱腾：《从君主命令到令、律之别——先秦法律形式变迁史纲》，《清华法学》2020 年第 2 期。

[45] 朱腾：《秦汉时代律令的传播》，《法学评论》2017 年第 4 期。

[46] [日]池田温：《唐令与日本令——〈唐令拾遗补〉编纂集议》，霍存福、丁相顺译，王冰校，《比较法研究》1994 年第 1 期。

[47] [日]冨谷至：《通往晋泰始律令之路》，朱腾译，徐世虹校，杨一凡、朱腾主编：《历代令考》（上），北京：社会科学文献出版社，2017 年。

[48] [日]堀敏一：《晋泰始律令的形成》，《中国史研究动态》1990 年第 4 期；收入杨一凡总主编，[日]寺田浩明本编主编，冈野诚本卷主编：《中国法制史考证》丙编第二卷《日本学者考证中国法制史重要成果选译（魏晋南北朝隋唐卷）》，北京：中国社会科学出版社，2003 年。

[49] [日]小川茂树：《李悝法经考》，《东方学报》（东京版）第 4 册，1933 年。

[50] [日]滋贺秀三：《日本对中国法制史研究的历史和现状》，中国法律史学会主编：《法律史论丛》第 3 辑，北京：法律出版社，1983 年。

后 记

2010年的秋天，我考入吉林大学法学院，师从闫晓君、霍存福两位先生攻读博士学位，研习中国法律史。吉林大学法学院，乃国内法学研究重镇，积淀深厚，学风醇正。由于我是在职攻读博士学位，故在美丽的吉大校园只待了一年左右时间。但就在这一年的时间内，我有幸跟随霍存福、闫晓君、汪世荣、吕丽等法律史专家钻研法律史，受益匪浅；也曾聆听过张文显、李洁、姚建宗等法学名师及朱红林、沈刚等古籍所老师的课，颇受启发。弹指一挥间，十年匆匆而过，回首自己的学术之路，假如还有些微进步的话，都离不开以上诸位先生的教诲。

闫晓君先生是我的博士导师，闫师学识渊博，贯通古今，早年以研究秦汉出土简牍法制扬名学林；近年，又开辟出"陕派律学"这一新领域，成绩斐然。我的博士毕业论文选题并非先生的研究范畴，先生不以为忤，循循善诱，悉心指导，从宏观到微观，皆有高妙的建议。我从吉大毕业以后，常常在各种会议上跟先生碰面，交流越来越多，师生之间的情谊也日益加深。闫师经常在工作、科研、生活等多方面给予我及时的指点与帮助。特别享受无数次跟着闫师在学术会议的间歇，行走在去往周边人文景点路上的时光，听着他如数家珍地讲着与此景点相关的历史人物、事件甚或轶闻趣事，非常长见识。而能有此"聊力"，是需要很多阅读与阅历做背景的。闫师之风，永远是我做人、治学的榜样。

在当时，吉大法律史导师组由霍存福、闫晓君、汪世荣三位教授组成，由于闫老师与汪老师常驻西北政法大学，霍师就承担起了我们博士班同学的日常指导工作，因此，霍师是与我们相处时间最长的导师。虽然我并不是他的正式学生，但他对我的关怀却丝毫不减，每念及此，心头总是一片温暖。也正是在霍师讲授的课上，我"不知深浅"地选定了"令"作为自己论文的选题，真到写论文时，才知道难度相当大，霍师在很多方面给了我切实的指导。2017年底，霍师受邀来贵阳讲学，碰面的第一句话就是："我想来看看你在这里怎么样！"

在本书要出版之际，两位先生又赐予嘉序。闫师、霍师的高恩厚意，学生永生难忘！

在我论文开题与答辩时，汪世荣、吕丽、陈景良、张中秋、赵晓耕、候欣一等先生，从论文的构思与写作等方面提出了很多宝贵的修改意见与建议，感谢诸位先生的指导之恩。

2015年，我进入中国社会科学院法学研究所，追随杨一凡先生做博士后研究工作。杨师在法律古籍整理方面，蜚声中外，影响很大。他经常提醒我们，要多看书，多读资料性质的书；今人有些文章写得不通，原因皆在书读得少或者读得不精、不通（贯）。每次与先生交谈，都会被他对学术的热爱所折服。先生对学术的热忱，永葆赤子之心，值得我辈学习。正是在先生的影响之下，我更加认识到资料对于法律史研究的重要性。先生的教诲，不敢忘怀，当永为后式。

在博士后期间，张生先生在学术研究的方法、科研项目的申报等方面给了我很多的启发、鼓励与帮助，学生非常感谢，铭记于心。

张全民先生是我的硕士导师与学术引路人。我在湘潭大学读本科时就有幸遇到先生，并受到先生的启发与照顾；为了督促我学习，先生甚至经常陪同我自习。我深知先生曾对我寄予厚望，只是由于我的懈怠与无知，有负先生的殷殷之情。先生对我谆谆教诲的场景，至今还如在眼前一样；每每想起，仍感动不已。

李交发先生把我当自己学生看待，在很多事情上，常常伸出援助之手，助我渡过难关。即使后来我离开了湘大，他老人家仍然关心我的成长。我取得一点小小进步，他都非常高兴，溢于言表。

湘潭大学廖永安校长一直关心我的成长，通过各种方式提醒我、提携我，总是想给我创造更好的工作机会。此恩难忘，永记心间。

这些年，徐世虹、周东平、夏新华、陈灵海、陈玺、刘晓林、武航宇、王捷、朱腾、王帅一、冯学伟、张田田、程令政、王彦飞、李鼎楚、姚上怡、毛健、张维、肖军芳、陈兆彬等先生及同学、好友给了我很多的帮助，谨对他们表示诚挚的谢意。

我来贵州财经大学工作以后，陈玉梅书记、周兴杰院长多方照顾，让我感受到了组织的关怀；好友肖海英、陆仁茂、任红、陶钟灵、张斌、曹务坤、何鹏、崔超等在工作、生活上给我帮助良多。在这里，我感受到了家的温暖。

科学出版社编辑们对本书的出版倾注了大量心血，正是他们的辛勤工作，使原稿中的一些错讹得以剔除。对此深表谢忱。

感谢妻子陈美桥对我工作的支持，感谢儿子带给我的欢乐，感谢岳母替我分担家务。感谢身在远方的父母、哥哥、姐姐等亲人的理解，不能在父母近前尽孝，十分歉疚。

本书是在我博士论文基础上修改而成，也是本人的首部专著。与博士论文相比，书中一些内容有所调整与增删。随着学术的发展与自己的进步，一直对书中的不少地方不太满意，因此，出版之事迁延至今。非常感谢贵州财经大学的出版资助，否则本书的出版还将延后。书虽即将出版，但对不少问题的思考还将继续下去。

李俊强

2020年10月29日

于贵州财经大学文德楼